中学英语教学设计实践研究

曾庆红 李 雪 罗 丽◎著

中国出版集团 现代出版社

图书在版编目（CIP）数据

中学英语教学设计实践研究 / 曾庆红，李雪，罗丽
著. -- 北京 : 现代出版社，2023.2
ISBN 978-7-5231-0199-5

Ⅰ. ①中… Ⅱ. ①曾… ②李… ③罗… Ⅲ. ①英语课
—教学设计—中学 Ⅳ. ①G633.412

中国国家版本馆CIP数据核字(2023)第026480号

中学英语教学设计实践研究

作　　者　曾庆红　李　雪　罗　丽
责任编辑　田静华
出版发行　现代出版社
地　　址　北京市朝阳区安外安华里504号
邮　　编　100011
电　　话　010-64267325　64245264(传真)
网　　址　www.1980xd.com
电子邮箱　xiandai@ cnpitc.com.cn
印　　刷　北京四海锦诚印刷技术有限公司
版　　次　2024年4月第1版　2024年4月第1次印刷
开　　本　185 mm×260 mm　1/16
印　　张　11.25
字　　数　267千字
书　　号　ISBN 978-7-5231-0199-5
定　　价　58.00元

前言

随着教育改革的不断深化，中学英语教学要求也在不断提高。在中学英语教学中，教师不仅要加强培养学生对基础知识的掌握，还要注重培养学生的综合能力，促进学生的全面发展。如今，英语教学越来越重视课堂提问的设定，从而培养学生的学习兴趣，提高学生的语言交流能力，加强对英语的应用，促进学生的良好发展。先进的教学理念和思想促进了中学英语教学的改革，也为中学英语教学带来了新机遇。

鉴于此，笔者编写了《中学英语教学设计实践研究》一书，在内容编排上共设置六章：第一章主要论述中学英语教学观念的设计、中学英语教学原则的设计、中学英语教学环节的设计；第二章内容涵盖中学英语教学的逻辑性思维、中学英语教学的批判性思维、中学英语教学的创新性思维；第三章从中学英语高效课堂教学体系、中学英语高效课堂教学技能、中学英语高效课堂教学方法、中学英语高效课堂教学评价探讨了中学英语高效课堂教学设计；第四章论述了中学英语听力课程教学设计、中学英语口语课程教学设计、中学英语阅读课程教学设计、中学英语写作课程教学设计；第五、六章主要论述了中学英语教学主要模式设计、中学英语教学策略设计研究。

本书结构科学、实用性强，力求达到理论与实践结合，对中学英语教学设计实践研究进行全面深入的探讨，以有利于中学生的英语学习发展为宗旨，注重理论和实践的结合，对中学生学习英语具有重要意义。本书具有较强的全面性、实用性等特点，也可以为从事相关专业的一线工作者提供借鉴。

笔者在编写本书的过程中，得到了许多专家学者的帮助和指导，在此表示诚挚的谢意。由于作者水平有限，加之时间仓促，书中所涉及的内容难免有疏漏之处，希望各位读者多提宝贵意见，以便作者进一步修改，使之更加完善。

目录

Contents

第一章　中学英语教学设计理论解读

第一节　中学英语教学观念的设计

一、中学英语教师教学的观念

实施新课程，首先要进行的是教育观念的革命。师者，所以传道授业解惑也，教师在新课程改革中的地位不容小觑。“教师要突破传统教学观念和模式的束缚，遵循教育规律，以新课程为依据，树立体现素质教育精神的现代教育观”①。

（一）面向全体学生

普通中学教育是面向大众的基础教育，英语教学也必然要为全体学生终身发展奠定基础。学生在英语课程学习中会存在智力、习惯、兴趣、性格、态度、语言基础、能力、学习方式等方面的差异。教师要承认和尊重差异，以先天的禀赋为基础，尽可能挖掘和发挥学生学习英语的潜能，并获得稳定的、长期发挥作用的基本品质结构，对于学生英语学习过程中的思想、知识、身体、心理品质等，教师都要认真关注，以便满足不同学生的不同学习需求，真正做到面向全体学生。

（二）注重基础学习

帮助学生奠定语言基础，为今后升学、就业和终身学习创造条件，这应该是英语的教学方向。随着对外开放在政治、经济、文化和社会发展中地位的不断上升，对外交流的机会越来越频繁，外语学习已经成为全社会共同的需求，通过学校教育获取外语知识的途径越来越重要。那么，新的英语教学方向就既要顺应时代潮流和人的自我发展需求，也要顺应未来社会发展的需求，使英语教育成为一种积极的，以关注人生、成就人生为主导的人文教育。

---

① 王丽秀. 浅谈中学英语教学观念的转变［J］. 学周刊，2014（19）：54.

另外，除了英语知识本身的基础外，还有具备运用英语的基本技能。中学英语教师要根据学生的认知特点和学习发展需要，着重提高学生用英语获取信息、处理信息、分析和解决问题的能力，培养学生用英语进行思维活动和表达的能力，为学生进一步学习和发展创造必要的条件。

（三）优化学习方式

优化学习方式就是使学习方式尽可能完善，从而产生最佳效率，而一个完美的或高效的学习方式有赖于学生的自主学习能力。培养自主学习能力的过程就是进行自主学习的过程，也是引导学生培养积极主动的学习方法，以形成各自有效的学习策略的过程。

学习方式（Learning style）不仅是具体的学习方法，而且是指学习新知识或解决问题时采取的一贯方式。学生接受教师所传授的、课堂所讲授的、书本所灌输的知识，然后去理解、记忆并回答考试题的传统教学方式虽然能使部分学生奠定扎实的基础，但学生并没有受到应有的尊重，得不到应有的发展“空间”，难以发挥主动性和创造性。因此，中学英语课堂教学，要优化学生的学习方式，提升其自主学习能力。

二、中学英语学生学习的观念

中学生英语学习观念直接决定了学习方式和学习效果。因此，树立正确的学习观念是英语学习过程中首要的问题，更是值得广大一线教师和学生共同研究的问题。

英语学习观念（English Learning Belief）是人们对如何学好英语的认识，特定的文化环境、个人的经历和他人的言行造成了学生英语学习观念的丰富性、差异性。但新课程背景下，对学生学习效果及学习能力有更新的要求，这些要求的实现是传统的学习方式不能满足的。因此，广大一线教师要对指导学生树立新的学习观念和探究新学习方式进行认真的思考和研究。

作为课程改革的最大受益者的学生，要主动适应，树立全新的学习观念。要从自身是学习的主体角度去关注自己的学习以及各种能力的培养和提高。

（一）自主学习观

近年来，自主学习已逐渐发展成为教育的热点，尤其是“语言学习的自主性”更是被广泛关注。自主学习即启发和引导学生从“不会”到“学会”，再到“会学”，逐步培养学生自主学习的能力。学生的个性是认识的主体，实践的主体，自我发展的主体。学生应该由一个知识的被动接受者变为自我积极探究的学习主体，在接受知识本身的同时体验获得知识的乐趣、学会获得知识的方法的过程。

（二）多元学习观

学生在学习英语的过程中都展现了其特有的优势，独特的学习方法和不同的学习潜能。针对这些学生应该树立充分挖掘他们自身不同智能优势的学习理念。树立自主学习的学习理念，培养学习兴趣，激发学习动机是当今学生最应该关注的事情。

（三）终身学习观

现代社会是一个生理寿命延长、知识寿命缩短的社会，知识经济时代的学习与以往相比，无论是在内涵上还是在内容、方法、时间安排及相关影响上都有着相当的差异，主要表现在：第一，学习内容扩大与更替周期缩短；第二，知识总量的扩张与更替周期的缩短，每个人的学习时间都由青少年时期延伸到人的整个一生；第三，学习是维持生计与创造新的生活的手段。学习就是我们工作的组成部分，所以各行各业都提倡继续教育，终身学习。只有不断学习，才能始终把握科学技术发展的脉搏，才能始终站在知识创新的前沿，才能不断增强自身的竞争力，不断拓展自己的生存空间。如果停止学习的时间越久，则可用的知识越陈旧。反之，如果不断学习，则脑力使用越频繁，个人的生命力越强，社会的活力也越丰沛。所以，作为学生更应该养成终身学习的观念。

（四）优化学习观

优化学习观应该包括两个重要部分，即优化学习方式和理念。学生应该树立运用现代化学习手段和寻求探究良好的学习方式理念，同时更应该明确，学习辅助手段的优化是良好学习效果的重要保障。如利用多媒体手段、分组讨论合作探究等学习方式都可以让自己积极地投入英语知识的学习中去，从而在轻松的课堂氛围中提高学习质量。优化学习理念也包括学生在学习过程中，通过认真研究、思考选择适合自己的学习策略，在有限的时间内，达到最高质量的学习效果，如经常运用知识梳理归纳法、趣味知识联想法等策略。

（五）创新学习观

新课程标准下的英语学习要求学生从自身出发，挖掘自身学习潜能和自身学习的积极性、主动性，进行自主、探究、合作式学习。这一学习目标的实现，要靠学生自身的积极探索、大胆创新，不断用创造性思维去融入学习的情境中。当前英语学习方面有很多问题，其中最严重的莫过于对学习英语不感兴趣，缺少学习英语的动力。为提升中学生英语学习的积极性、主动性，树立学生学英语的自信心，就要转变学习观念，积极探索不同的学习思路，优化学习方式，为自己创造一个轻松、愉快的学习环境。

第一，科学利用多媒体和网络技术优化英语学习，运用多媒体技术创设教学情境，激发学习兴趣，做到寓学于乐。通过计算机对文字、图像、声音、动画等信息进行处理，形成声、像、图、文并茂的学习系统，能起到激发兴趣、引人入胜的效果。通过对多种资源进行再次利用，做到对知识信息的不断加工、组合和整理，真正实现英语学习的大容量、快节奏、高效率。在搜集、整理和应用的过程中，通过多种资源实现将知识、能力、价值观融为一体的学习。此外，我们在使用多媒体学习时，要充分考虑到自身学习的主动性和创造性，为学会自主学习提供前提条件。同时，为学习者提供更加广阔的创造性思考空间，通过多媒体学习系统引发学习者思考、讨论、回答问题，开发自主意识。

第二，充分发挥传统学习手段的优势，探索学习的新思路、新方法、新模式，“复习铺垫，以旧引新”与“创设情境”共存。学生要努力营造积极主动活泼的学习氛围，充分挖掘成功的学习经验和学习方法。学生学会课前先对教学内容、教学过程、教学步骤进行大致的分解，探索知识的规律，认识其本质特征，培养思维能力，掌握学习方法。

第二节　中学英语教学原则的设计

“教育过程是一种探索与创造，英语的课堂教学只有学生的主体作用与教师的主导作用有机统一，不断探索课堂教学新思路、新方法，引导学生发现、探究、解决问题的能力。”① 新课改的英语教学改变了传统的教育理念，建立了一种全新的教育模式。提倡在教学活动中将学生放在主体地位，发挥学生的主动性和能动性，让学生能够在英语课堂上积极参与、勇于实践，使英语课堂成为学生尽情发挥的重要场所，这种教学模式改变和颠覆了传统的教学思想，需要广大英语教师真正领会新课改的思想内涵，也需要教师在教学方式、学生在学习方式上做出根本的转变。作为一线的中学英语教师，关注课堂教学效果，提高中学生的英语水平是英语教学最根本的目标。

一、中学英语教学的转变性原则

传统的英语教学模式中，教师是教学活动的主体，学生只是被动地学习，根本没有自己发挥的空间，学习没有灵活性，这种英语教学模式不利于学生英语能力的培养。新的英语课程改革完全颠覆了传统的教学理念，突出学生在教学活动中的主体作用，将学生放在

① 严宽. 浅谈中学英语教学应遵循的原则［J］. 都市家教（上半月），2014（9）：121.

教学活动的重要位置。为此，英语教师要结合英语教学的方向以及学生的特点，精心设计好课堂教学过程，让学生能够积极投身于教师设计的情境模式中，从而激发其学习兴趣，唤醒学生学习的情感需求。教师应合理安排课堂节奏，有针对性地向学生传送教学信息，激发学生发现问题、分析问题、解决问题的能力。同时，教师要和学生建立一种和谐融洽的师生关系，和学生能够平等交流、共同进步，让学生在轻松愉快的学习氛围中提高英语水平。

二、中学英语教学的开发性原则

兴趣对于学好英语是最关键的因素，尤其是中学英语教学，更应该注重兴趣的培养。英语学习兴趣是学生对于英语教学积极的情感投入因素，主要取决于三个因素：①事物的特征。特征比较突出、鲜明、具有强烈刺激性的事物容易激发学生的求知欲和好奇心。②学生本身的特征。某些具有鲜明特征的事物，可能会引发学生的情感认同。但是，并不是所有人都有这种感觉，这取决于学生本身的特点。③学生的情感体验。兴趣情感的产生除了外部刺激以外，还要靠情感思想的共鸣，只有学生真正投入学习中才能激起学生的情感体验。所以，英语教师应根据兴趣培养的特点，遵循科学的原则，来激发学生的学习兴趣。例如，对于中学生可以采用图片引导、多媒体辅助等方式教授，让学生在多种感官的刺激下产生学习兴趣。教师还可以根据中学学生的年龄特点，采取小组游戏活动的方式，让学生在欢乐的气氛中学习知识。总而言之，英语教师应抓住兴趣方向引导学生学习的方式，让学生在积极的情感下学习英语知识。

三、中学英语教学的任务性原则

英语教学的首要任务就是通过英语课堂教学提高学生英语运用的能力，提升学生的英语水平。教师有明确的教学任务，教学过程才能科学而有序进行。因此，英语教师在设计课堂教学或者安排教学活动时，主要应以英语教学任务为根本，以培养学生的英语交际能力为目标，不但要关注学生学习的结果，还要注重学生学习英语的过程，培养学生自主学习的能力。教学任务是学生学习的桥梁和纽带，教师通过教学任务的完成，可以激发学生学习的兴趣，让学生真正参与到英语语言学习中，从而提高学生的英语能力素质。另外，教师在完成教学任务的过程中，要和学生的实际生活紧密联系，只有将任务的完成渗透到学生的生活中，才能激发学生学习的兴趣，感受到英语学习就在身边，从而提高学生完成教学任务的积极性。

四、中学英语教学的目的性原则

英语学科的学习从本质上看主要是语言的学习，重点是培养学生英语交际的能力，是英语教学的最终目的。教师应结合英语教材的相关内容，不只是教授英语基础知识，重点要提高学生运用英语语言对话的能力，注重英语语感的培养，要根据交际的环境，结合语音、语调、感情色彩等方面，锻炼学生用英语交际，使学生对英语常用口语能熟读熟记。

英语教师在课堂教学中要充分创造英语交际的情境，时常利用英语教材的相关资料适当丰富交际语境，让学生在实际生活中体会英语交际语境，如教师可以设置在商店买东西的情境，通过学生之间的交流互动加深对英语交际的掌握。另外，可以让学生了解英语国家的风土人情，增进英语交际的真情实感。语言是传递文化的重要载体，学习一种语言，从某种程度上而言是对语言文化的深刻领悟。所以，教师在讲授英语知识的同时，可以通过文化的渗透感染来加深学生对语言的领悟，从而提高其英语交际的能力。

五、中学英语教学的自主性原则

在中学英语课堂教学活动中，探究性教学不仅是课堂教学内容的要求，同时也是素质教育的要求。探究式教学，指的是在教师的启发指导下，学生以自主探究合作学习为主，学生能够根据已有经验和水平，通过个人、集体等多种形式对问题进行探究、质疑、讨论、归纳、表达，将自己已经掌握的知识和技能运用到解决实际问题当中的一种教学形式。在探究性课堂教学中，教师是学生的引导者和教学活动的参与者，其作用就是激发学生学习的兴趣，调动学生学习的积极性和主动性，让学生自主去发现问题、解决问题、获取知识。同时，教师还要努力为学生创设一种探究性的教学情境，营造一种探究的学习氛围，以激发学生的探究欲望，促进探究活动的开展。教师要转变自己的角色，把学生作为课堂探究的主人，给学生提出明确的探究任务、探究目的，教给学生探究的方法，最终达到学生自主交流、探究结果的教学目的。这样，通过探究式教学可以提高学生自主学习的能力，为学生的终身学习和发展奠定坚实的基础。

总而言之，中学英语教学是一门语言课程学习，英语教师要按照新课改的要求，转变教学观念，改革教学方式，提高学生在英语教学中的主动性，创造性地设计贴近学生实际生活的教学活动，提高学生实际操作能力，为中学生学好英语知识奠定坚实的基础。

第三节　中学英语教学环节的设计

“在英语课堂教学过程中，教师应采用多种教学方式优化教学环节，营造和谐的学习氛围”①。指向教学目标，从而导致教学目标偏失。而中学英语教学又有着自身的特点，本节内容主要将教学过程分为导入、呈现、讲授、巩固、实践、复习设计六个环节。

一、中学英语教学的导入设计环节

“导入是教师在一堂课开始时用简洁的语言或辅助动作来激发学生的思维兴趣进行课前的心理准备和知识准备”②。富有启发性的导入语可以引起学生对新知识新内容的热烈探求，进而将注意力拉入教学过程中来。

导入活动须遵循以下基本原则：①针对性原则，运用的材料要紧扣课堂教学内容；②关联性原则，内容要与学习的新知识紧密相关，过渡自然；③趣味性原则，导入的方式要形式多样，符合学生兴趣；④简明性原则，该环节不宜花费太多时间，力求简洁明了。

从学生的接受程度这一角度出发，导入可以分为直接性导入和间接性导入两大类。通过展示实物、声音、图片等须调动学生感官直接获取信息的称为直观式导入，也就是直接性导入。间接性导入就可分为提问式导入和情景式导入。

直接性导入主要指教师通过图片、歌曲、影片和实物等媒介直接将学生引入教学内容中去。在间接性导入中，提问式导入主要目的是启发学生，可以是简单的问答，也可以是有悬念的提问，甚至是现场采访或调查等形式。而情景式导入主要是把学生指引到与授课内容有关的特定情景中去，形式会更为多样化，如游戏、活动、任务等。以下是较为经典的直观式、提问式和情景式导入案例。

（一）直视式

例如，used to 的学习可以这样导入：

T：Was my hair short or long in this picture?（老师用自己以前的照片向学生提问）

S1：It's long.

T：Right. But, how about my hair now?

① 李文娟. 初中英语教学环节设计的有效性［J］. 考试周刊，2012（19）：86.

② 鲁子问. 中学英语教学设计［M］. 上海：华东师范大学出版社，2019：152.

S1：It was short.

T：Yes. I used to have long hair，but I have short hair now. How about you？

S2：I used to have short hair，but I have long hair now.

教师提问若干个女学生说出自己头发长短的变化，部分学生可能直接说中文，部分学生可能表达准确，也有部分学生会说错等。答案各种各样，但目的不在于学生答得对与否，而是主要通过实物（如头发）引起学生的注意力，提起兴趣，并设置疑问，有助于接下来新知识的学习。

（二）提问式

例如，raining，windy，cloudy，sunny，snowing 的学习可以这样导入：

T：What's the weather like today？

S1：It's cloudy.

T：What's the weather in Beijing？（教师指着最新的天气预报图）

S1：It's sunny.

教师通过提问，学生说出自己知道的有关天气的单词，一旦学生说出本课涉及的单词，教师要及时拿出卡片或通过 PPT 展示出来，请这位同学来教大家读。这样的提问会使全班学生高度集中注意力，积极性也会提高，求知欲得到了激发。

（三）情景式

例如，十二个月份词汇（January...December）的学习可以这样导入：

（S1 and S2 are to make a dialogue about birthday）

S1：Hello！Time for festival test.

S2：All right. I'm ready.

S1：When is New Year？

S2：It's January 1st.

S1：When is Children's Day？

S2：It's June 1st.

教师把学生在对话中提到的有关月份和节日的词写在黑板上，让大家把节日或事件和月份匹配起来，接着引出“月份”类词汇的学习。这样的导入方式有助于让学生很快融入特定的语境，心理上也会做好充分的准备，容易过渡到新知识的学习。

二、中学英语教学的呈现设计环节

呈现是教师向学生展示课堂任务或活动要求和语言知识的阶段。其目的一方面是让学生了解课堂任务或活动的规则和要求；另一方面是要求学生掌握特定的语言材料。教师要充当好讲解员和示范者的角色，便于学生快速准确地把握有效信息。

呈现活动需要遵循以下基本原则：简洁易懂，表述方式要简明扼要，通俗易懂；重难点突出，分清主次；直观形象，呈现方式生动形象，易于学生接受；趣味性强，教师的语言和行为稍显活泼幽默，具有亲和力。

呈现的方法要因呈现的内容而异。活动式教学和任务课堂教学模式中的呈现，就需要呈现出活动或任务的要求和相关的语言知识。而传统的呈现主要是新知识的呈现。呈现的方法可分为规则呈现和知识呈现两类，然后再具体细分，如表 1-1 所示。

表 1-1　规则呈现和知识呈现

规则呈现	语言呈现	口头或书面文字描述
	图表呈现	逻辑图展示
	行为呈现	教师通过肢体动作演示
知识呈现	实物呈现	利用实际物体展现
	情境呈现	以故事、游戏和任务等为依托
	多媒体呈现	借助黑板、PPT、投影仪等展现知识点

通过表 1-1 可以看出，规则呈现和知识呈现都是依据载体或媒介来分类的。目的都是让学生在这一环节清楚地了解活动任务的要求和相关的语言知识，做到一目了然，提高课堂效率。

例如，重点句型 What's this/that? What color is+? What color are +?"的学习时可以采用行为呈现法，教师让学生根据不同的指示代词演示相应的动作，其中活动的规则可以这样呈现：教师用自己的肢体语言示范具体的动作，表达具体的方位，会显得较为生动形象，便于同学快速理解活动的规则。

例如，句型 What time do you usually go to bed? I usually go to bed at…的学习时，教师让学生去调查其他同学的就寝时间。这样的任务规则可以如下呈现：

T：Please finish a survey on you and your classmates' bedtime. And do it after the following rules.

这种方式可以直接用多媒体手段进行呈现，如若硬件设备欠缺，则可以使用板书展示。

例如，词汇 noodle，chicken，beef，potato，tomato，cabbage，carrot 的学习时，呈现方式如下：

T：What would you like?（教师指着讲台上摆放的食物提问）

S1：牛肉。

T：It is beef. Please read it after me.

S1：Beef.

T ：Which one do you like best?

S2：Tomato.（让这位同学教大家读）

T：Good. It's tomato. Read it after me. tomato！What's this in English?（教师又拿着胡萝卜问）

S3：Sorry，I don't know.

通过实物呈现要学的单词，学生的意识由抽象转为具体，指代性比较明确，能够加深学生的记忆。所以，实物呈现法多用于中学英语教学过程中，帮助学生直观地去体会语言的特指意义。

三、中学英语教学的讲授设计环节

教师的职责之一就是授业，讲授是教学的基本形式。教师可以通过口头语言直接向学生讲授英语语言知识、解释英语技能，也可以通过解读文本、讲授活动方式等，发展学生的思维意识、学习能力。讲授时，教师主动地教学生则采用接受性学习的方式，理解教师的讲授。讲授应做到系统规范，条理性强；精讲多练，实践性强。根据讲授内容的特性，具体的讲授方法可分为讲述法、讲解法、讲读法和讲演法。

第一，讲述法是教师用生动形象的语言向学生描述或叙述具体的形象、特征和发展过程的教学方法。一般包括描述和叙述两种方式，前者语言生动形象，富有感染力；后者语言简洁明了，结构严谨。

第二，讲解法是教师用理性的语言向学生阐明概念、原理、法则等。重在讲理不是讲事，着重发展学生的抽象思维能力。主要针对的是逻辑性、结构性偏强的知识，如语法知识。教师突出重点，思路清楚，并注重培养学生的思维品质。

第三，讲读法是教师或学生以朗读方式表述知识内容或其他教学材料的方法。这种方式主要用于语文和外语教学，常见于生词、短文对话的学习中。其中，教师读的目的在于引导示范和引起学生的注意力。学生读的目的是强化记忆、纠正发音等。

例如，词汇 Section B 2nd Passage Reading 的学习，教师可以采用以下方式进行讲读：

T：Do you like watching cartoons? Do you know Mickey Mouse? Now, let's read this passage about Mickey Mouse.

T：First, let's read the questions in the chart. Make sure all the students know the meaning of the questions. Then read the passage again and find the answers to the questions.

显然，在讲授阅读的时候，一般都是采用讲读法。在本案例中，首先，应让学生读懂题目的意思。然后，带着问题再次认真阅读短文的内容，并在短文中找出相关问题的回答依据。综合短文内容与题目内容，确定最为贴切的答案。最后，再让学生自己把文章从头到尾读一遍，深化对文章的理解。

第四，讲演法是教师用严密的语言全面系统地分析总结教学内容的方法。这一教学方式适用于单元、章节、期中和期末的复习课。教师在概括总结的时候，要做到突出重点、固化基点、攻破难点、澄清疑点。帮助学生形成知识体系，将学科知识结构化和系统化。

例如，学习 Grammar Focus when，while 从句与过去进行时的关联时，教师可运用以下的方式给学生讲解。

教师以 PPT 或板书形式呈现以下语句：

The boy was walking down the street when the UFO landed.

While the boy was walking down the street, the UFO landed.

The girl was shopping when the alien got out.

While the girl was shopping, the alien got out.

T：Can you find something different among those four sentences? What are they?

学生发现其中规律，进行总结，教师点评学生的总结。

T：Great. In Sentences 1 and 3, we can find that the simple past tense is used in the subordinate clause led by "when". And, the past continuous tense is used in the main sentence. However, the past continuous tense is used in the subordinate sentence led by "while", and the simple past tense is used in the main sentence. This is how to use the past continuous tense with when and while.

在上述的讲授过程中，教师采用的是讲解法。因为，这一部分涉及过去进行时与一般过去时的用法，对很多学生而言，除了有一定难度，也稍显晦涩。但教师通过对比，让学生从中发现动词的使用规则，然后加以解释说明。这样做的优势在于不仅做到了深入浅出，也培养了学生探索发现规律的能力。

四、中学英语教学的巩固设计环节

巩固是教师引导学生对所学知识和技能进行强化记忆和加深理解的方法。任何一门学科的知识和技能都需要巩固强化，提高学习效率，促进知识转化为能力，便于更好地运用到实践中去。

巩固活动的设计需要遵循以下原则：强化记忆，通过背诵、重复、朗读等方式加深对概念性知识的记忆；加深理解，启发学生观察、分析、比较、总结和归纳出语言规则，将其内化；注重效率，让学生在短时间内掌握既定的知识要点；形式多样，突出学习内容的趣味性，提高学生的积极性。

学生在讲授环节可能学习的是语言知识，也可能是语言技能。前者包括词汇、句型等语法点；后者包括听力技巧、写作技巧等技术性内容。根据教学内容的类型，巩固的方法可以分为：短时记忆法、演绎引申法、习题强化法。

第一，短时记忆法的目的在于让学生在短时间内对语言知识进行强化记忆。这种方式主要用于词汇和语法点的学习，不是“死记硬背”，而是运用科学合理的记忆方法对学习内容进行理解性记忆。

第二，演绎引申法的目的是让学生从教师讲授的要点中去发现规律，进行演绎，举一反三。这种方法适用于概念、定义、技能要领等抽象性的知识。教师鼓励学生自主学习，主动探究知识点之间的关联性，总结出语言规则。

第三，习题强化法的目的在于让学生通过习题巩固学习内容。教师根据特定的教学内容设置针对性强的习题，让学生独立或以合作的形式完成，及时发现问题，解决问题，做到有的放矢，查漏补缺。

五、中学英语教学的实践设计环节

实践是学生在真实语境中运用所学语言知识的阶段。这一步骤的目的在于让学生通过接触、体验和理解真实的语言环境，进而强化语言知识和技能。教师要尽可能地创造真实语境，鼓励学生通过体验、参与、合作和探究等方式，去巩固语言知识和技能，从而发展自主学习能力。英语实践大多以活动或任务为载体，以话题为主题，利用各种教学资源，采用听、做、说、唱、玩、演的方式，为学生提供充分的语言实践机会，重点培养学生英语综合运用能力。

实践活动的设计需遵循以下原则：以学生为中心，发挥学生的积极能动性，培养自主、合作学习的能力；语境真实，让学生自然地融入特定的情境中，体验、感知和理解语境；活动具有可操作性，这样可以保障教学步骤顺利进行，提高教学效率；紧扣教学目的，实践活动的主题一定要贴合教学内容。

学生的语言和技能的实践需要依赖于课堂活动。就活动的完成方式可以分为个人实践、两人实践和小组实践。

个人实践的目的是要求学生独自完成教师设置的任务。这样可以锻炼学生的自主学习能力。大多数的实践活动采用此方式，如听力练习、写作练习、演讲等。

例如，在 Section A-3b 中 always，usually，never 的学习时，在实践环节可以尝试以下的方式：

T：Everybody，please use “always，usually，and never”，to make three sentences for describing your life habits.

S1：I always go to school on foot. I usually play basketball on Friday. I never litter the ground with the rubbish.

S2：I always get up before 7：00 a. m. I usually go to visit my grandparents on Sunday. I never Sing a song in the classroom.

T：All of you have done a good job.

这一课时学的知识是如何使用三个不同的频度副词描述自己的生活习惯。之前，教师已经给学生讲授了具体的单词，并加以区别。为培养学生的语言运用能力，教师需要让学生在实践环节得到锻炼。因此，上述例子就是个人实践模式。这样，全班同学都将所学的语言知识运用到实践活动中去，课堂效率大大提高。

两人实践的目的是让学生两两组合共同完成学习任务。这一形式适用于采访、对话等实践活动，有助于培养学生的语言交际能力。

小组实践的目的是让学生以团体（4~6 人）的形式完成实践活动。这一方式一般用于难度较大或程序较复杂的任务，如情景剧、辩论等。

例如，句型 Where is…？Is there…near here？的学习，在实践环节可以如下进行：

T：Work in group of 4 to finish a dialogue. S1 and S2 are speakers. S3 acts as a performer to show the reference place. And S4 is responsible for showing the destination and location.

Group 1：S3 shows the reference card of Post Office.

S4 presents the destination of library and stands on the right side of S3.

S1：Is there a library near here？

S2：It's on the right side of the post office.

T：Thanks. Group 1 is so good. Which group like to try it again？

通过上述案例可以看出，四个同学各司其职，S4 根据自己的站位向 S2 提供方位信息，S1 和 S2 分别通过 S4 与 S3 的位置关系用英语构成对话。在这种小组实践中，每位学生都跟语言有接触，然后转化成不同的表达方式，不仅培养团队协作能力，更将所学知识活学活用，提高了语言运用能力。

六、中学英语教学的复习设计环节

复习是师生共同就所学知识和技能进行回顾、总结归纳的环节。它是每一堂课的尾声，目的在于让学生对教学内容的重难点进行概括，加深印象，巩固知识。教师鼓励学生站在一定的高度来审视学习内容和过程，从中查漏补缺，最后形成系统性的知识框架。

复习活动设计需遵循以下原则：系统性，将所学知识系统整理归类，便于学生发现知识系统的关联性，从而，形成系统化的知识结构；完整性，全面地概括总结所学内容，但须做到主次分明，突出重难点；灵活性，复习方式因最后教学时长而灵活运用，切忌千篇一律；拓展性，启发学生发现语言规律，学会举一反三，触类旁通，培养自学能力。

从参与者的程度来看，复习环节的方法可以分为以教师为中心、以学生为中心、师生互动三大类。

以教师为中心指的是在复习环节主要以教师引导学生为主，这种方式一般会在最后课堂时间有限的情况下使用，也是常见的一种模式。教师以板书或多媒体等手段为学生呈现整堂课的教学内容框架，带领学生从头到尾回顾所学知识或技能。其中，一定要做到重难点突出，有条理性，让所学内容结构化和系统化。

例如，某个复习课按以下方式开展：

T：Now，let's review this class. Please follow my words. Today，we have learned three kinds of expressions to describe how we study for a test. Please look at the PPT.

Unit 1 How do you study for a test?

Section A

The First Period

1. Ways of studying:

By working with Friends by making flash cards.

By reading the text book by making vocabulary lists.

By listening to cassettes.

2. Target language

A: How do you study for a test?

B: I study by working with a group.

在上述的复习环节中，主要是教师带领学生一起回顾本堂课学习的内容。PPT 呈现的是板书内容，教师进行逐行播放，为了让学生一起跟着老师思考，避免学生过于被动地接受。这种做法的局限在于不能充分发挥学生的主动性。

以学生为中心指的是在复习环节主要以学生主动参与为主，这一方法的目的是培养学生整理、概括和归纳的能力。一般先让若干个学生概括出本堂课的教学内容，其他学生补充，然后教师对大家的复习总结进行补充，并作适当的评价。也可以采用竞答的形式，激发学生的热情，加深对所学知识和技能的巩固。这种方式的优势是可以提高学生的自主学习能力。

例如，词组 look for, be boring, be on display 以及核心句型 What language would you like to learn? What kinds of music do you like? What kinds of food do you prefer? Have you ever seen an Indian film? What kinds of films do you prefer? 的复习环节可以这样进行：

T: Who can tell us what we have learned this class?

S1: We learn the phrases such as look for, be boring, be on display.

T: Great. But anything else?

S2: We also learn the question sentence "What language would you like to learn".

T: Right! We have learn so many questions. What else are they?

S3: What kinds of music do you like?

S4: We also learn "What kinds of food do you prefer" "Have you ever seen an Indian film" "What kinds of films do you prefer".

T：Today we learn the phrases（look for，be boring，be on display）and the questions（What language would you like to learn？What kinds of music do you like？What kinds of food do you prefer？Have you ever seen an Indian film？What kinds of films do you prefer？）．Please practice them more after class.

以上这一案例展示的就是以学生为中心的复习环节，教师通过不断的提问，让学生主动地去回顾本堂课所学内容。

难免有学生回答不完整，教师并没有给予负面评价，而是继续让其他同学进行补充，学生在回答的过程中也会纠正其他学生出现的问题，这是一个很好的现象，教师应进行鼓励。教师在整个过程中是引导者，目的在于让学生自己主动地复习学习内容，加深印象和强化记忆，培养学生的自主学习能力。

第二章　中学英语教学思维能力设计

第一节　中学英语教学的逻辑性思维

思维是人脑对客观事物的本质属性和事物之间内在联系的规律性所做出的概括与间接的反映。从不同维度出发，可对思维进行不同划分，根据思维的指向性可将思维划分为聚合思维和发散思维；根据思维的内容可将思维划分为直观动作思维、具体形象思维、抽象逻辑思维等。逻辑思维，也称抽象思维，是人的理性认识阶段，人运用概念，进行判断、推理等思维类型反映事物本质与规律的认识过程。逻辑是理性思维的规律和规则，是人们思考时间过程中不可或缺的思维能力，是思维的工具和方法之一，反映了思维的规律和规则。逻辑思维又分形式逻辑思维和辩证逻辑思维两种，形式逻辑思维具有确定性并反对思维过程本身自相矛盾；辩证逻辑思维则具有灵活性并强调反映事物的内在矛盾。辩证逻辑思维是在形式逻辑思维基础上逐渐发展起来的，属于逻辑思维的高级阶段，两者相辅相成。教师要“丰富学生表达逻辑关系的语言知识，培养语言技能，提升逻辑性思维能力”①。

思维与语言密不可分，相互依存，语言既是个人思维活动的工具也是标记思维成果的工具。语言是思维的载体，思维借助语言实现。不同语言代表了不同的思维方式，不同语言的语言特点都有相对应的思维模式。每一种语言都有属于自己的完整系统和诞生的文化背景，就中文和英语而言，英语属表音文字，源于印欧语系，是典型的屈折性语言，语法严谨，重逻辑，它的词汇有丰富的人称、时态的变化；而中文属表意文字，源于汉藏语系，语法相对松散，词汇没有人称、时态和格式的变化。中文与英语在表达方式、语言习惯和语法规则等方面存在的巨大差异，追根溯源，就是思维方式的差异。由于逻辑思维差异和中文的负迁移影响，二语学习者普遍存在“逻辑能力偏低”的问题，这个问题正反映了英语教学重视词汇、机械语法教学，忽视逻辑思维培养，重视输入、忽视输出的现象。英语篇章就像根据一定的编码程序—特定的思维模式组合而成，具有传输意义、表达思维

---

① 罗娟. 聚焦逻辑性思维的英语说明文阅读教学——以“Puzzles in Geography”教学为例［J］. 教学月刊·中学版（教学参考），2020（7）：8.

的功效。因此，二语学习者想在英文使用水平上尽量地贴近母语使用者，理解内化英文的逻辑思维至关重要。

一、中英逻辑性思维的差异

（一）中英逻辑性思维的差异产生

不同语言的表达及思维方式与其产生文化紧密相关，从哲学的观点而言即文化决定思维。儒家思想兴起发展于春秋战国时期，在汉代逐渐成为统治思想，并在之后两千多年的时间里占据中国文化主流思想，对中国人的思想观念、行为表达都有着根深蒂固的影响。折中调和、含蓄包容的处世哲学体现在中国人生活、思考、为人处世等方面，是汉文化的重要一面。中国人在思考问题时，善居中，兼顾前后，认为说话做事应面面俱到，这种思维方式嫁接到英语学习上就容易产生很多问题，如写作时文章观点不明确、论点过多、论据不足；文章内容重视感悟忽视实证、重视内容忽视语法，错误使用连接词等。汉语与英语的文化大相径庭，是中英逻辑思维差异存在的根本原因。

（二）中英逻辑性思维的差异对比

1. 迂回式与直线式

中文的语言是人治的，英语的语言是法治的。中国人的思维方式以直觉、具体为特征，思维活动大多是螺旋式地绕圈向前发展，具有整体的模糊性和神秘性、非逻辑性等特点，这种思维方式在语言表达上表现为：口语表达的信心层层铺陈，核心信息备置于最后，是一种围绕主题绕圈子“迂回式”的思维方式，绕着主题外围转而不从主题直接入手展开讨论，强调只可意会不可言传。英语线性思维则是开门见山，说话、写作时习惯把主题、中心观点放在最前面，以引起听话人或读者的重视和共鸣，再进行推演，这种“直线式”的思维方式在语言表达上表现为：从一般到具体，从概括到细节，从整体到个体，按一条直线进行展开。一般而言，英语是先主后次，中文是先次后主，这种遣词造句谋篇上的思维差异使得学生在进行英语学习时，不可避免地会遇到很大的困惑，这也正是“中式英语”产生的最大原因。同时汉语中，文章整体语意传达的作用，胜于语法正确和结构严谨，这种中式感悟意会式写作、表达模式代入英语中会产出语法混用、句子分裂、逻辑混乱的结果。

2. 中庸和谐与强调整体

中庸之道是儒家的主要方法论，随着世代的传承演化为中国的主流文化，成为中国人对人生对生命对社会的态度，对国人的表达产生了深远的影响。自古以来，受中庸思想的影响，汉民族就重视和追求言语表达的和谐，从语形、语音、语意到意境传达，追求言语表达上的中庸和谐成为汉语表达的一大特色，这种潜移默化的内在文化影响使得人们在进行英文写作时可能出现以下问题：

（1）不能明确表达自己的观点，或保持中立、或模棱两可，观点时不时发生或大或小的偏移，在语言表达上没有突出中心思想。

（2）中心观点论据不足，无法对论点形成有力支撑，没有掌握英文表达通过分析、举例、论证明确唯一中心观点的方法和思维。

英文表达强调整体逻辑性，要求中心突出、观点鲜明，论证充分，言语表达要具有一定的倾向性，每句与上下文都会存在逻辑上的联系，或总分、或主次、或并列，力图让读者明确自己赞成哪些方面，反对哪些方面。

3. 结构松散与严谨

中文的句子组织结构相对松散，强调意和，缺少连接词，句子之间的内在联系基本靠意会，在写作中也较少出现语篇连接手段和连接词，使得文章存在较大的跳跃性，而重视语言内在逻辑性的英文表达高度依赖逻辑连接词的使用。连接词即连接英文单词、短语、句子的词，起衔接作用，英文的连接词仅有 70 余个，以极高的频率广泛出现在日常交流和各类文章中。而中国学生针对英语逻辑连接词的使用主要有以下问题：

（1）少用和滥用，部分学生受中式思维影响，不注重言语表达的相互联结，普遍认为语言的逻辑连贯是一种主观的整体感知，不需要特意用连接词来指示。

（2）部分学生对某些连接词有滥用的现象，说明学生们对逻辑连接词的掌握不够多样化，仅局限于少数常用的表达上。

以上两种对连接词的误用情况说明了部分中国学生缺乏英文逻辑思维练习，没有正确掌握并使用英文逻辑连接词，导致用英文表达时不能准确传递信息。

二、中学英语逻辑性思维的教学

（一）逻辑性思维中阅读教学

由于英语阅读丰富的写作题材、写作手法，集中的语法知识，多样的语言表达方式，阅读教学一直是英语教学的重要途径，既可以增强学生的实际用语能力，也可以训练学生的英语逻辑思维。英语阅读教学重点并非教材知识点的简单集合，而是帮助学生厘清写作逻辑、文章脉络，并学以致用，应用到英语写作和实际表达中去。因此，教师在设计阅读教学时应融入更多逻辑思维训练，具体可从篇章结构、剖析细节、讨论延伸这三个层面入手。篇章结构包括 skimming，skimming 要求学生快速阅读文章，找出论点论据，分析文章结构，进行整体性理解，教师可用思维导图辅助学生揭示段与段、层与层之间的联系。剖析细节即 scanning（扫描）精读，引导学生关注文章的交代、过渡和照应，句与句之间的联系和逻辑关系词的使用并分析文章语言细节。讨论延伸要求学生以学习文章的逻辑写作脉络为范例，开展讨论。例如，文章体裁是说明文，有一个论点，采用了总分的结构，可引导学生讨论文章中心论点是否鲜明，支撑论据是否有力，能否进行反观点论证，能否采用其他论证方式，是否可进行文章结构改造等。

（二）逻辑性思维中写作练习

写作练习是训练英语逻辑思维的重要手段，但在英语教学中一般没有专门的写作教学任务和时间安排，写作教授的内容和时间由教师自主分配，而教学的内容主要停留在布置作业层面，教师很少对学生作文进行批改、分析讲解。鲜少涉及语篇构造、逻辑整合的写作教学模式，对学生的写作能力没有益处。要想提高学生写作的逻辑性，可以采取以下方式：

第一，强化写作训练，讲练结合。针对不同写作类型，从逻辑词使用、段落衔接、观点论证层面至少进行 3~5 次范例讲解，再进行写作练习，运用头脑风暴，快速提纲写作，提高谋篇布局能力。

第二，精心设计写作话题，增加话题实操性，教师在选择写作话题时，可细化话题范围，避免学生出现因话题空泛导致论点过多或论据支撑无力的情况。

第三，完善评阅反馈，开展学生互评，学生的写作练习一定要有反馈，不能只讲不评或重视讲解忽视评价，教师可从词汇、语法、逻辑、衔接这四维度入手进行评阅，要求学生根据修改意见重写再提交，如此反复 2~3 次，或先组织学生互评，反馈修改后再由教师评阅。

英语逻辑思维的养成在于长期的积累和训练。中学生想要学好英语，在英语使用水平上无限制接近英语母语使用者，就必须从英语诞生的文化背景着手，对其逻辑思维的思维模式发展史及具体表现形式了然于心，逐步明确中英逻辑思维差异。与此同时，教师应坚持将逻辑思维贯穿于教学流程始终，精心设计逻辑思维培养活动，重语言思维培养，帮助学生认识语言学习的根本在思维模式的掌握，而非词汇、语法、句子的简单堆砌。

第二节 中学英语教学的批判性思维

“批判性思维主要是指能够从不同立场、角度，发表自身的想法和见解，是逻辑思维能力的集中体现”①。批判思维也称为反省性思维，即主动地坚持不懈地和审慎地对信念的深思，或者寻找支持假定的知识类型的理由，并据此倾向于做出进一步的结论。在活动中个体独立思考，遭遇问题时，坚持利用相关，是有目的性和自我调节的判断，根据这个判断对事物进行诠释、分析、评鉴、推论，并对此判断所依据的证据、概念、方法和逻辑规则做出解释。批判性思维是个体对产生知识的过程、理论、方法、背景、证据和评价知识的标准等正确与否做出自我调节性判断的一种个性品质。中学英语课堂教学过于侧重学生语言技能的训练，忽略了思考问题的能力，批判地独立思考问题能力的训练。把学科教学与批判性思维培养相结合是目前培养学生批判性思维能力切实可行的方法。如何在核心素养下的中学英语课堂这个隐形环境下把教学和批判性思维能力培养有机结合起来，对中学生而言至关重要。

提及英语，大多数人包括部分英语教师普遍认为英语是一门工具而不是一门学科，这也就意味着人们普遍更倾向于它的工具性和实用性。在中学英语课堂教学中，无论是课程设置还是教学内容，都应以培养学生语言机能为核心，侧重培养学生的听说读写译的语言能力。批判性思维包括认知技能（cognitive skills）和情感意向（emotional intentionality）。认知技能主要包括解释能力、分析能力、评判能力、推理能力、论证能力、自我校正能力等；批判性思维的情感意向包括质疑的勇气、公正的态度、谦逊的品格、以理服人的信念、坚忍不拔的品质和换位思考的情商。把英语教学与批判性思维培养相结合，在英语教学中培养质疑与批判精神，不是单纯地由教师将知识和技巧传授给学生，而是将教学内容问题化，让学生自己批判地思考问题、课文、学习过程以及社会。

一、中学英语课前准备中的批判性思维

传统英语教学中，课前准备阶段只要求学生对课文中新的或重点词句预习，这并不能很好地调动学生学习积极性，也不能激发他们的学习兴趣，使他们积极主动地围绕课文去思考、质疑和提问。教师可以让学生就本单元教学中的相关文化背景、知识点和相关社会问题做课前准备工作，相关背景知识越丰富，学生对于读写任务的挑战越小，有利于促进

① 刘祥. 简析批判性思维能力在中学英语阅读教学中的培养［J］. 才智，2020（3）：117.

批判性思维发展。相关社会问题可以扩大学生的眼界，加深学生思维的深度和广度。教师在课前准备时需要注意有技巧性地将教学内容和现实文化知识结合起来。设计的提问要具有新颖性和相关性，以更能吸引学生的兴趣，引导其探索思考。

二、中学英语课堂教学中的批判性思维

课堂教学包括课文导入、课文精讲和课堂讨论，是课前准备部分的深化、延展和评价。学生的课前准备内容要在教学中得到有效的利用，以便增加学生的成就感从而促进批判性思维的培养。在课堂教学中，学生是学习的主体，教师则为引导者和配合者。教师可以运用情境式、换位式、多媒体法等教学方式精心组织安排教学活动，设计一系列思考性问题锻炼学生去分析、解释、质疑、论证和评价，主动思考是批判性思维的重要特征。组织学生开展思考讨论不仅可以培养学生个体的批判思维能力，还可以促进学生之间知识和思想的交流。例如，教师在讲授“Never Say Goodbye”这一单元时，可以运用多媒体让学生欣赏一首英文歌曲“Never Say Goodbye”，通过三个问题激发引导学生表达自己的观点：

How did you feel when you left your hometown?

The true meaning of “Never Say Goodbye”?

If you were the boy or the grandfather, what would you do at the parting moment?

在课堂中，有学生认为再见就意味着悲伤，也有学生理解再见是为了更好地聚首，不应该悲伤。就同一问题，教师应鼓励学生发表不同观点，追求不同角度不同立场的见解，公平对待一切观点。但是教师在鼓励引导学生独自思考的同时，也要进行评判、监控。当有学生提出两种完全相悖的观点时，教师要让学生说明各自观点，让对方知道为何会有不同见解进行论证。组织讨论或小规模辩论，这是学生自主加入教学积极主动学习的过程，是对课文了解分析的过程，更是一个批判性思维培养的过程。

三、中学英语课后拓展中的批判性思维

当一个单元结束后，教师应考虑是对这个单元内容的结束还是思考的结束。教材的每个单元都有一个主题或中心思想，课文每单元选取反映这个主题的英美原文。所学课文虽然结束了，但是对于该主题的思考不应该结束，教师可以通过布置作业的形式让学生进一步探讨、研究，形式可以是口头的，也可以是书面的。学生之间可以互相评估，教师应根据批判思维设置一定评判标准。教师应鼓励学生通过利用网络这个平台进行独立深入研究，在庞杂的信息中进行分析、选择，让学生形成批判同时也是鉴赏的思维习惯，不仅是对所学知识的巩固深化，还是进一步对学生批判思维能力的培养，有利于学生探索和

创新。

批判思维能力是可以培养的，英语教师不仅要讲授各种语言技能（听、说、读、写、译），更应该在这些语言技能中融入批判思维能力训练，在增长学生知识的同时增长智慧。教师应在课上课下利用多种方式方法，潜移默化中培养学生的批判精神，完善其知识结构，完整其人格。

第三节 中学英语教学的创新性思维

一、中学英语创新性思维的要求

（一）教学发展的要求

由于传统教育理念的局限性，教师在提高学生知识水平的同时，忽略了培养学生能力的重要性，限制了学生发展。在英语教学中，很长一段时间都是采取一种以应试为目的的教学模式，即一切教学开展的着重点都是学生成绩，是以成绩导向为目的，这种教学模式限制了学生对于教学材料和课程内容的思考。在英语教学中培养创新性思维，能够使得英语教学的思路以及教学模式更加符合教育教学的时代背景，能够最大限度上促进学生的发展。教师与学生双方面都应在具有充分的知识储备的前提条件下，将学生能力的提升作为教学的首要目的。教育对象应全方位多角度地适应教学发展的要求。

（二）学生发展的要求

在英语教学中培养创新性思维，从教学的方面而言，就是顺应学生发展的要求。社会的进步与发展越来越快，对于人才的需求也越来越高，尤其体现在全面性的层面。全球化趋势不断加剧，在未来的工作中较高的英语能力可以使人在工作中有一定的竞争力。在重视英语教学的同时，更加注重体会其中核心部分的学习与研讨。英语教学处于普遍认知的状态，传统的教育理念下，灌输式的教学方式使得学生难以自主地对课程教学内容进行思考与创新，造成不可避免的弊端。学生们对于书本上的固有模式即使耳熟能详，也难以达到掌握全方面知识底蕴的能力。总而言之，在英语教学中创新思维方式，能够对学生的学习习惯以及学生思维有积极的促进作用，英语教学的真正意义不仅仅是作为人们沟通的渠道，更应该成为在教学生活中引领学生进步的重要工具。

二、中学英语创新性思维的教学

（一）教学观念的转换

“创新性思维是指人们在寻求解决问题的方法时，突破传统思维，寻求与传统方法不同的教学模式”①。在英语课堂教学中培养创新性思维，关键就在于要转变教学观念，只有在观念的层面进行有效转变，才能在实践中更好地落实教学的新思路。转变教学观念主要体现在以下层面：

第一，要认识到传统教育理念下教学思路以及教学模式的局限性，与其让学生在教师的带领下改变学习模式，不如使教师与学生双方一起，用新式的思维与方式共同向着学习目标前进。

第二，转变教学观念还有一个重要的层面体现，就是要使得教师、学生以及家长认识到学生学习的不足之处，在教学中积极地进行改革，创新思维的重要性。

只有认识到创新思维方式的意义与价值，才能对教学产生实际的促进作用，利用教学思维的改变带动整个学习氛围与模式的转变。

（二）教学思路的引导性

引导性的教学思路的目的是代替传统教育理念下的灌输式的教学思路，主要是通过不断引导，积极地让学生进行探索，在教学中教师不会直接告诉学生相关的答案以及结论，而是启发与引导学生，让学生自己发现观点的错误所在，从而改进自己的学习。学习的乐趣所在之处就是学生充分发挥自己能动的学习能力，也就是学生的创新思维能力。在英语课堂教学中，教师应利用自己的知识储备为学生创造更大的思维空间。例如，对于阅读理解中文章后面的问题，教师不应直接分析，而是应不断引导学生，使得自己想法与学生的想法相互碰撞，从而得出相应的答案。引导性的教学思路对于学生发展的积极作用，主要体现在：第一，引导性的教学思路帮助学生进行自主思考，在很大程度上使学生完成自身学习思维的蜕变；第二，引导性教学思路在中学英语阅读教学中开展，课堂气氛比较放松，学生不至于很紧张，使大部分学生都能参与到课堂中来。

（三）学生知识面的拓宽

任何一个语言的学习都离不开其背景知识的支撑，英语同样适用于这一规律。英语课

① 李建梅. 初中英语阅读教学中培养学生创新性思维能力的路径探究［J］. 科普童话·新课堂（下），2022（8）：92.

堂教学包含了众多的英语知识，涉及内容丰富，对于学生知识面的拓展有效。在英语课堂教学中，拓展学生的知识面主要有以下思路：第一，在教学过程中，教师可以有针对性地对课文中所涉及的内容进行深化与拓展。由于文化层面的差异，英语和汉语在用语习惯以及用语风格上存在着许多不同，以汉语的思维去学习英语是不可行的，只有针对性地对各种英语阅读材料进行分析，不断积累，才能在拓展知识面的基础上提升学生的英语能力。第二，广泛地学习，广泛地讨论，在扩充知识面的同时，提高自己的自学能力，学生自主学习能力的培养，是一个漫长的过程，教师应遵循循序渐进的教学原则。

（四）课堂讨论的开展

在英语课堂教学中随时随地可以观察到教师对于讨论的应用。讨论不仅带动学习的积极性，更能充分发挥学生们思维的重要性。在新教育理念的引导下，应充分认识以学生为中心的教学观，在这种创新思维模式下，广泛地开展课堂讨论十分必要，主要包含：第一，在课堂讨论中，学生是主体，教师仅做好相应的引导工作；第二，课堂讨论的材料，要以所学习的材料作为依托，并且要加以积极的拓展。总而言之，广泛地开展课堂讨论能够有效地带领学生进入学习状态，使学生的学习过程更具备趣味性，提高学生的学习主动性，这种在积极氛围下开展的学习也是新教育理念下所提倡的。

（五）新型教学资源的运用

科技的高速发展带动近年来计算机与相关技术的发展，新型教学资源不断涌现，更加方便地应用到教学中，科技带来的不仅仅是科技上的创新，更是思维方面的冲击。学生与教师双方都应该充分利用这一便捷条件，在大环境积极带领下，学生与教师共同转化思想。科技带来的新型教学资源在中学英语课堂教学中，主要就是进行综合性的应用，即各种新型的教学资源都要采用，能进一步激发学生的学习热情。此外，新型教学资源的应用，要做好与传统教学资源之间的结合，形成优势的作用，应用新型教学资源是在中学英语课堂教学中采用创新思维方式的重要体现。

（六）教学反馈系统的建立

建立教学反馈系统是一种全程跟进教学以及后续的过程的一种机制，在中学英语课堂教学中培养创新性思维，要大胆实践，敢于创新，及时纠正错误。教师在教学过程中，如果发现学生出现相关问题，理应做到利用相应知识储备进行调整，使教师学生双方都利用该模式达到完善自我的教学目的。教学反馈系统的关键在于问题的收集与整合，问题收集的方式有很多，可以通过与学生面谈的形式，也可以让学生写意见书，把问题进行汇总，并且对于问题的解决过程全程跟进并且记录。及时发现教学中的问题，并且积极地解决，这对于教学有着十分积极的促进作用。在中学英语课堂教学中，建立相应的教学反馈系统，能够有效促进学生阅读水平的提高，对于英语教学也会产生促进作用。

总而言之，在中学英语课堂教学中培养创新性思维，应转变思维方式，从旧式教育模式到新式理念的全方位多角度的结合，理论与实践的彼此配合，应用引导性教学思路，拓展学生知识面，广泛开展课堂讨论，应用新型教学资源以及建立教学反馈系统。培养创新性思维有着众多的体现与应用，如何综合以及灵活地使用成为英语课堂教学中的关键，不断开展对于教学的探究，以培养创新性思维为主导的教学创新能够长远地促进英语教学的发展。

第三章　中学英语高效课堂教学设计

第一节　中学英语高效课堂教学体系

高效英语课堂体系的构建需要教师具备扎实的专业知识，同时采用多样化的教学策略来激发与调动学生参与课堂的热情与积极性，并且要做到与时俱进，从英语学科的教学特点出发不断探索和尝试更多的教学方法，增强英语课堂的趣味性与针对性，从根本上提高英语教学效率与质量。

一、中学英语高效课堂教学的结构

英语知识从结构上来划分可分为：单词、短语、句式、语法。单词是语言的基本单位，如果没有单词的积累，就无从谈起语言的其他层面。短语是单词的进一步扩展和完善，有了单词和短语的前提，才能根据一定的句式结构，组合出句子，进而构成文章，表达语意。

（一）单词教学

“中学英语单词教学的三个基本方面是：单词音、形的教学；单词记忆的教学；单词语义、应用的教学”①。根据不同情况会有其他教学方式诞生。下面就从单词的口语教学、构词法、记忆方式、复习方法、阅读掌握分析。

1. 单词的口语教学

（1）英语单词的发音和拼写之间有一定的内在联系，二者之间是有一定规律可循的，词类变化、单复数变形、语速等各个方面都受读音的直接影响。英语教学中尤其不能忽视语音教学。首先，在学习新单词的时候，要让学生反复习读，教师及时正音；其次，对有些实词和特殊虚词，教师在授课的时候要尽量把词汇富于语义的理解，避免学生机械地死记硬背，以致不能形成长期记忆；最后，语音教学中，要重视语音语调。中学英语交际教

---

① 曹倩. 中学英语单词教学浅析［J］. 考试周刊，2012（80）：86.

学要求学生能够结合任务、情境、场合、文化等各方面的因素，理解语音、语调、节奏、重音等各种变化，还要根据这些理解隐含的意图和态度以及更为丰富的语言内容。所以，中学的语音教学应该更生动、更深刻、更接近生活。

（2）保证每天二十分钟到半小时的语音练习。学生通过“熟读”，达到“熟记”，最后才能实现“熟用”。

（3）教师自己的语音基本功一定要过硬。教师在授课过程中的语音语调对学生是一种潜移默化的影响。如果教师的语音语调标准地道，不知不觉中学生就会效仿，长此以往，就会收到意想不到的效果。

2. 单词的构词法

英语单词的构词法主要有三种：第一，转化法是由一个词类转化为另一个词类；第二，派生法是通过加前缀后缀构成另一个词；第三，合成法是由两个或更多词合成一个词。此外，还有截短法、混合法、缩写法等。构词法是理解、记忆、使用单词的基本前提，是扩大词汇量的捷径。

3. 单词的记忆方式

中学英语单词应该分类区别对待。大约1000多个高频词，既要求能够口头运用，也要求能够笔头运用，学习目标要求看得懂、听得明白、写得地道、说得清楚，实现听、说、读、写“四会”能力达成。还有部分单词要求达到能口头运用的程度，中学生全部单词掌握量要达到三千多，一部分只要看得明白即可。所以，在教师教学前要先将其分类，然后再就不同的教学目标运用不同的教学策略，实现最终的教学效果。

单词的记忆方式因人而异、因学生基础而异、因要掌握的新词难易度而异。常用的单词记忆方法有词缀记忆、阅读记忆、类比记忆等。教师无论在课上单词教授过程中，还是在课下学生识记过程中，都要有针对性地进行指导。

4. 单词的复习方法

英语教师要指导学生用科学的方法进行复习，根据遗忘规律，合理安排时间，有计划地做好定期复习，强化记忆。另外，培养学生利用词典进行自学的能力也很重要。教师要教会学生使用工具书，养成自主学习的能力和习惯。学生查找单词的过程也是对知识进行筛选和理解的过程，学生查词的时候，不是只查单词拼写和读音，还要关注词汇的用法，如名词的可数和不可数、动词的及物和不及物等。教师要让学生通过自己查工具书实现自我学习。

5. 单词的阅读掌握

在英语阅读理解过程中，对理解程度影响最大的因素就是阅读者掌握的词汇量。一般性的阅读理解必须掌握大约3000~5000个单词的词汇量，这样的词汇量可以涵盖任何语言材料的90%~95%的单词。达不到这样的词汇量，就无从谈起阅读技巧和阅读策略。通常可以把这个词汇量作为阅读突破点，词汇量越大，阅读理解力就越强；反之，阅读理解量越多，词汇积累量也就越大。教师应该指导学生进行大量阅读，阅读是比任何一种明确的教学方式更有效的扩大词汇量的方法，脱离语言材料的单纯的词汇教学，很难使学生的词汇量有巨大增加，阅读是学习词汇的一种非常有效的方法。

（二）短语与句式教学

最常用的学英语的方法是背单词，但是词典上的解释是死的，语言的运用却是活的，因此，词典不是最重要的，关键在于语境。可见，单词没有多少实际运用的价值，机械记忆的单词量再大，也不会真正提高英语水平。要养成背诵句子的好习惯，句子中既包含了发音规则，又有语法内容，还能表明某个词在具体语言环境中的特定含义。

英语学习中，词汇记忆之后，就是对一些固定短语和句式的记忆与理解过程。这一过程和积累单词的过程一样重要，没有这一过程，对语言的理解也很难实现。在英语教学的课前、课中、课后，教师都应该考虑教学策略的实效性。

1.“五多”学习方法

所谓的“五多”是指：多“说”，多“听”，多“读”，多“写”，多“记”。

（1）多“说”。多“说”就是教师指导学生多创设英语交流的情境，如学生间的交流、师生间的交流、朋友间的交流，也可以自己为自己创设交流的语境，进行模拟演练，如走进餐厅设计自己和服务员的对话。

（2）多“听”。多“听”就是经常用自己的耳朵去感受英语这门语言中的词汇、短语、句式等的音、意。例如，可以经常听录音磁带，对其语音语调进行反复模仿；可以“听读”，边听边读，及时感受和体会所听到的词汇的音意。

（3）多“读”。“读”的内容可以是教材，是课外读物，可以积累短语句式集锦。“读”的方式可以是“默读”，也可以是“朗读”。二者都是学语言必不可少的学习途径。每天保证一定时间进行阅读练习将会提高阅读速度及对掌握词汇、短语、句式有很大的好处。阅读教材可以用精读的策略，对教材进行整体理解后，整理文章中的重点词汇、短语、句式，并及时巩固、记忆，也可以对其中一部分知识进行必要的延伸和拓展。课外读物大多采用泛读或略读的方式，能做到理解大意，领会主旨即可，对文中典型短语、句式进行积累、记忆。教师也可以经常和学生一起收集整理一些现行范围内应该掌握的短语、句式，集中阅读并记忆，必要的时候，也可以以试卷的形式检测一下。

（4）多“写”。有的同学总是抱怨时间紧，根本没时间写作文。其实“写”的形式很多，不一定只有写作文才能提高写作能力。如写下一天中发生的一些重要的事情，或当天学的某一个词组，可以创设一个语境恰如其分地用上这个词或词组、句式。这样既可以记住这个词的用法，又可以锻炼写作能力。

（5）多“记”。学英语离不开记忆过程，任何一种语言的学习记忆都是首要条件。记忆分有意记忆和无意记忆。有意记忆是指带着明确目的，对明确内容进行有意识的识记过程。如教材出现的重点词汇、短语、句式，要集中精力有意识地反复循环记忆。结合教材内容进行必要的整理、归类、对比记忆。还可以在网络或报刊中收集一些资料，整理给学生。

2. 记忆时间板块化

如果用整块的时间记忆词汇短语句式等，不但枯燥乏味，而且达不到理想的记忆效果。如果把这些内容分门别类化为知识板块，利用每天的边角料时间分散记忆，不但可以减少枯燥，还可以让学生实现少而精的记忆效果。例如，每天睡前十分钟把当天记的单词梳理一遍，进一步加强巩固一下，再把第二天的内容整理出来。每天早上起床把前一天整理的内容进行记忆。吃饭后，小憩的时间再重复一遍。中午午睡前再复习一遍，个别难记的内容，利用课间反复多次记忆，晚上回来再梳理。

（三）语法教学

语法教学是英语学习的重要组成部分，它能帮助我们把握住英语的基本规律，在词汇、短语、句式的基础上掌握必要的语法规律，并能灵活运用，达到有效交流的目的。英语语法也是英语学习的基础，正确的语法观念是自学英语的拐杖，也是提高学生各种语言能力的基础条件之一。英语语法种类繁多，它本身比较枯燥，孩子从中无法找到学习的乐趣，语法学习构成了孩子学习中的一个薄弱环节。而实际上，对于语法的学习，只要本着实用的原则，与语言的运用结合起来，语法的学习也是富有乐趣的。对于语法的学习，教师应该教会学生善于在理解的基础上学习、在学习中归纳语法规则、在错误中总结语法规律等，使孩子的语言知识与技能融为一体。教师在英语教学过程中，要注意寻找规律，从而实现语法教学的有效性。

1. 语句结构教学

中学的学生之所以成绩不是特别理想，有众多因素，其中最主要的因素就是基础知识较为薄弱，知识间衔接的术语不清楚，导致新知识的理解不到位。例如，讲三大从句（名词性从句、形容词性从句、副词性从句）时，并不是引导词本身听不明白，而是和过去知识衔接的句子成分术语不明白。可采用以下步骤：

（1）学生中学入学后的初始阶段，我们先将汉语句子成分的划分作为切入点，进行集中训练。

（2）学生能熟练掌握后，再把这个知识迁移到英语句子划分中，学生能准确地划分出句子成分后，再接受引导词就会变得轻松。

（3）在学生已经理解的基础上进行必要的训练、巩固和提高。

2. 语法系统教学

英语词汇、短语、句式都要借助一定的语法建构在一起，形成能够完整表达语义的句子或篇章布局结构。只有这样完整的结构才能真正清楚地表达要表达的意义。学好一门语言，字词是语言的基本单位，句式是语言的意群连接，语法是建构起完整句子的根据和准则，因此，学好语法也十分重要。教师在授课过程中要研究语法的规律和学习语法的策略，尤其是面对基础较为薄弱的学生更是要讲究教授的方式和技巧。其实英语语法的规律性较为明显，只要教师善于积累和思考，就能使学生的学习更加简单化、高效化。

“归纳法”是一种较为实效性的语法教学方法，“演绎法”是常用的一种较为可行的方法，在平时的语法教学中把“归纳法”和“演绎法”有效地结合，会带来更好的教学效果。此外，把语法完全孤立在语境之外也是很难产生良好效果的。尽量在真实的语境中进行完整的语法教学，除导入、呈现、归纳总结、训练外，更重要的是要确保学生能学以致用。

在英语学习过程中，适合中学生的主要语法归纳有以下方面：①从句。包括定语从句、状语从句、名词性从句。②非谓语动词。包括现在分词、过去分词、不定式、动名词。③强调句式。包括基本强调句式、对句子谓语动词的强调、大部分倒装以及一些特殊结构。④虚拟语气。⑤主谓一致。⑥省略。

此外，还有It用法，反义问句等语法现象。通过简练但很系统的归纳，整理出一套适合中学生学习的英语语法学习体系。这样，既能使知识条理清晰，又有利于学生学习掌握，努力实现学生学得轻松、教师教得自如，最终达到教学效果的高效性。

3. 习题操练教学

知识的传授过程固然重要，但知识的理解、消化、吸收、掌握、运用的过程更为重要。教师对知识的传授只是一个前提条件，最终的教学效果和学生的学习效果还是由学生对知识是否能够灵活运用来检测的。每一个教学环节都要考虑这一点，每个知识板块的接受和掌握同样要重视这一点。所以，在知识领会后，要设计有一定针对性的习题进行巩固练习是尤为重要的。

4. 设题法教学

英语语法中，通过归纳整理可以把每项专题的知识点系统化、条理化，使专题知识内容脉络清楚明了。教师要清楚、系统地把每个知识点运用科学的方法，使学生接受、理解、掌握，并能达到举一反三、触类旁通的效果，实现语法教学的最终目标。例如，讲虚拟语气中表示建议、命令、要求等意义的词，用于各种名词性从句中时，句子的谓语动词要用 should 加动词原形，should 常可以省去。此时，设题者最常设题角度有三个方面：第一，从句的谓语动词用被动语态，并省略 should，如 The doctor insisted that the patient（should）be x-rayed. 第二，从句的主语是第三人称单数，且时态是一般现在时，如 My advice is that he（should）be the first to go. 第三，从句谓语动词是否定句，如 It is suggests that we（should）not set off at once.

设题者选的三个设题角度都是学习者容易忽视或不太按常理呈现的形式，因此是学习者容易被迷惑的地方。例如，讲 worth 一词用法，基本设题角度有三个方面：第一，be worth+doing（主动形式表被动含义）或名词（表价钱名词或相当于钱的比喻性名词）。第二，修饰 worth 用副词 well 而不是 very。第三，同义词 worthy 的介入，理解在用法上的区别和联系。①worthy 能做定语；②be worthy+to be done 或+of being done 或+of+名词；③修饰 worthy 也用副词 well 而不用 very。

5. 增加趣味性教学

语法教学中注重教学的趣味性很重要。在语法教学中多涉及一些能让学生感兴趣的话题或有利于语法记忆的趣味性语言，便能够引起学生学习兴趣，随之产生良好的教学效果。

例如，在讲授主谓一致的时候，有这样一组词，句子的谓语动词根据前一部分内容决定，在教学中可以把这些词串联在一起的：三比（rather than，no less than，more than），三除（besides，but，except），三一起（with，together with，along with），也（as well as）包括（in cluding）像（like）not 和 in addition to。

二、中学英语高效课堂教学的方式

在新课改背景下，要让学生在中学英语学习中学有所得，并且能主动地参与学习，这就需要英语教师探寻一些高效的教学方式，从而实现高效课堂教育。

（一）学习英语兴趣的培养

对学习者而言，兴趣是最好的老师，兴趣的强度将直接影响学生的英语学习效果。因此，教师应充分挖掘英语教材中的趣味性，上好每一节课，使单调乏味的课堂氛围变得生动、有趣。

兴趣的培养应持续不断地进行，英语教师在备课的同时还要备学生。在课堂教学中充分调动学生的主动性和积极性，应尽量多表扬少批评学生，多使用一些赞赏的话语，如“Well done!” or “Great!” 即使学生仅仅取得一点进步，也应进行相应的表扬，甚至有时出现一点小小的错误，也应用委婉的语气指出。这样可以增加学生的自信，从而增加英语学习的兴趣。

（二）和谐师生关系的建立

建立和谐的师生关系是提高英语教学质量的保证，这就要求教师做到三个方面：第一，尊重学生。师生间的互相尊重，是进行教学活动的前提，也是进行高效英语课堂教学的前提。第二，热爱学生。热爱学生及教育事业是教育教学的保证，没有热爱，英语教学将寸步难行。第三，了解学生。要了解学生并做学生的知心朋友，了解学生的需求及学习情况，才能对学生提出不同的要求制定相应的标准。否则，学习标准制定低了，学生学习时注意力不集中，容易失去学习的兴趣；而标准高了，学生则容易丧失信心，打击学习的主动性。因此，在课堂上提问时，教师可以让英语基础好的学生来回答较难的问题；让基础薄弱的学生回答较容易的问题。

（三）愉快课堂环境的营造

轻松愉快的学习环境有利于激发学生的学习兴趣，所以为学生营造轻松愉快的学习环境是教师的责任。在英语教学中，教师应做到两个方面：第一，课前热身。可以根据教学内容，由学生进行课前三分钟英语会话练习。例如，值日生用英语汇报当天的情况，“What is the weather like? What did you do yesterday? How many words have you learn up to now?” 从而活跃气氛，激发学生的学习兴趣。第二，课堂操练。可让学生表演对话、复述课文或者就所学的 Reading 互相提出一些问题并做出回答，如“Why does he think Athens and Beijing should feel proud?” 以此促进学生间的互动交流，从而使英语课堂充满乐趣。

（四）英语教材内容的优化

新课标的英语教材量大面广，灵活性强。每个学习单元的听、说、读、写部分无论是在难度还是在内容上都比以前的教材有较大幅度的提高，英语的词汇量、阅读量也增加近一倍。面对这一变化，如果按以前教学方法很难在预定的时间内完成教学任务。对此，要保质保量地完成教学任务，需要进行教学改革。第一，将每个单元的内容进行重组，按学生的实际情况进行教学，使不同层次的学生都能积极地参与教学活动；第二，提高学生语言运用的能力，这就要求教师认真钻研教材内容，研究学生学习情况，不断改进教法；第三，注重重点、难点的挖掘，根据学生的学情合理调整教材的内容，由浅入深、从易到难的教育，这样才能适合学生的实际学习进度。在这个过程中，教师应运用各种感官去探究教材，深入体验并倾注自己的情感，使教材实现真正的意义和价值，达到真正活化。例如，在教授定语从句课时，教师可以不按照教材安排每个单元去讲，而是将定语从句系统化、归纳性地进行教学，从定语、定语从句的概念入手，到由 which、that、who、whom、whose、where、when、why 引导的定语从句以及这些关系代词、关系副词在从句中的作用，再到它们在何种情况下使用及它们之间的区别与联系等。

（五）合作学习小组的开展

英语研究性合作学习小组是一个很好的学习方法，可通过多种方式开展行之有效的合作学习小组活动：第一，恰当分组。小组的划分应根据学生的英语水平、学习能力、性格特点等进行，每个组里既有英语成绩较好的学生，又有成绩中等和成绩一般的学生，这样学生在开展活动时可以互相帮助。在每个小组里选一个英语成绩较好、大胆、爱发言的学生担任组长，这个组长可以起到监督、带头的作用，同时每个单元的单词、短语的听写任务也可以由组长来执行。第二，创设开放的环境。教师应坚持“以学生为本”的观点，努力为学生创设一种开放、平等的小组合作学习氛围，充分地尊重学生，相信学生，努力促进学生在自主、合作、探究的学习中使学生逐渐养成善于提问及思考的好习惯，从而促进个体的全面发展。

例如，要求学习小组介绍自己喜欢的音乐、歌曲并进行表演，再说出这是哪种音乐类型，如 Folk music、Country music、Rap or Jazz 等。为了完成任务，小组成员可以利用课余时间查找资料、网上搜寻相关信息之后，进行讨论，从而得出学习结论。这样，既能提高学生的学习能力，开拓学生的视野，又能培养学生的实践创新能力和合作意识。在活动中，通过合作，小组成员共同学习、互相评价、互相监督，从简单的单词拼写到比较复杂的书面表达，从听力、阅读、完形填空、基础知识填空到短文改错，每个学生的成绩都得到不同程度的提高，同时每个小组的成绩也明显提升，从而实现整个班级英语成绩的突破。

总而言之，要实现中学英语高效课堂教学，教师在教学过程中应依据教材和学生的情况，改进教学方法，提高课堂效率，从而实现低付出、高回报的结果。

第二节 中学英语高效课堂教学技能

语言知识学习最终达到的目标是实现听、说、读、写能力的建立和提高。教师在英语教学过程中对于四项技能当中每一项技能的培养和训练都要认真思考并采用一定的方法和策略来完成。

一、中学英语高效课堂教学的听说技能

培养学生听的能力要坚持经常反复地训练。要从听的基本功开始到听的技巧再到听的训练频率及听的时间安排等多方面考虑和计划。

（一）建立正确的听说观念

学习语言的最终目的是交际，如果既听不明白也表达不出来，只会书面表达，这样的语言学习是毫无意义的。因此，语言学习过程中，先要解决观念问题，要树立并重视听说的观念，自然听说教学也应该是英语教学的核心所在。只有建立正确的观念，才能认真操作实施中学英语教纲中每个单元至少有一节口语课、两节听力课的要求。此外，还应该在学生的边角料时间里合理安排，适当训练。

（二）重视英语单词读音策略

标准的单词读音是训练听说能力的前提条件，没有标准的单词读音作为基础，就无从谈起听说能力的培养。教师在平时的课堂教学以及各项辅导中，都要关注英语单词读音的标准性，并能熟练掌握，同时还要关注各种读音规律，如连读、缩读等读音。教师可以在课上或课下指导学生把应该掌握的单词反复朗读，直至读准、读熟。

（三）养成良好的听说习惯

从英语教学角度而言，向学生提供大量的听说材料以及听说为主的活动，是扩大学生语言输入的好途径，有助于提高学生听力水平，对培养语感和语言运用能力具有很重要的作用。英语听说能力的提高绝非一蹴而就的事，必须长期不间断地进行精听或者泛听训练和交际训练。因此，养成良好的听说习惯尤为重要。养成良好的英语听说习惯主要从以下方面入手：

第一，课堂上尽可能地使用英语教学。听说能力的培养和提高是目前英语教学的重要

目的之一。听是信息输入的过程，说是信息输出的过程，学习语言首先要有足够的输入量，然后才能输出。通过视、听等手段广泛地获取英语语言信息，然后将这些信息理解和内化，通过长时间信息输出训练，才有可能形成良好的英语口语交际能力。良好的语言输出能够激发学生学习英语的兴趣，促使学生主动、积极地进行更广泛的语言输入。学习发音、学习对话、学习任何形式的讲话都离不开听说。部分学生由于缺少自然的英语环境，除课堂时间外，很少有机会大胆使用英语，要想提高听力和口语并非易事。所以，教师应该尽量用英语授课，不用或少用普通话，利用好课堂时间对学生进行潜移默化的影响，在起始阶段，教师可借助实物、直观教具、手势、眼神、动作、语调，辅助解释所要表达的内容。让学生充分发挥自己的才能，多讲多练，最好选择一些英美人士的原声录音，让学生接触地道的英语。

第二，利用课前几分钟，把握好“热身运动”的习惯。多设计一些让学生有话可说的话题，使他们能够彼此交流，互相倾听，在探讨问题的过程中，实现听说能力的培养和提高。例如，可以进行值日表演、对话、演讲或复述课文，并要求其他同学复述值日生所说的内容。学生通过每天的值日报告，既训练了口语，又提高了听力。

第三，利用边角料时间坚持训练的习惯。指导学生在日常生活中，养成利用边角料时间练习的习惯，如吃早饭的时间、课间休息的时间、晚上睡前的十几分钟时间都可以放开手机、电视等各种能播放英语材料的设备，一边安排日常生活，一边留心听力材料内容，即使有些内容不是听得很明白，长期坚持也能起到积极的促进作用。日常生活中和学英语的人在一起时，尽量多用英语表达自己的意思，经常坚持就会收到意想不到的效果。

第四，帮助学生养成听英语新闻的习惯。一些中学学生虽然基础有些薄弱，但是在教师的指导下，进行必要的知识积累后，可以坚持听一些英语新闻，必要的话可以先了解新闻的内容，再听英语材料，经常坚持，就会有显著的效果。

（四）掌握英语听说的技巧

教师要注重学生听力技能的培养。若学生熟练地掌握了听力技巧，听力训练就会起到事半功倍的效果。

第一，帮助学生缓解过度紧张的心理。如做深呼吸，看外边的风景，放一小段轻音乐，让心情平静下来。

第二，培养捕捉瞬间信息的能力。通过训练帮助学生捕捉听力材料中的关键词，及时抓住内容所涉及的时间、地点、人物、身份、职业或谈话人之间的关系，谈话人的态度，简单的数据等，做到有的放矢地边听边记，并对语境信息进行综合分析，进行适当的编码。

第三，培养预测判断的能力。培养学生在进行听力测试前通过阅读试题所给问题，预测材料大致内容的能力。指导学生把阅读材料拿到手后，要抓住有限的几秒或十几秒钟的时间，快速浏览分析试卷上的问题，预测和判断对话内容，并能根据不同的语言材料和已知的信息线索预测和判断所听材料的内涵意义，而有些听力材料所设的问题本身就和材料密切相关，要有未听先知的预感，听时做到心中有数，重点突出。

第四，培养英语思维能力。促进学生建立英语与客观事物的直接联系，培养学生直接用英语理解、表达思想和传递信息的能力以及学生在真实的自然情景中运用英语的能力。加速培养英语语感和学习英语、想象英语的能力。

（五）发掘有效的听说资源

除完成教材中的听力练习材料外，还可结合高考听力测试的语速，从学生的实际情况出发，选择一些贴近高考的仿真试题和高考真题的听力材料。此外，《学生双语报》《英语辅导报》或节选的一些英语节目实录等，这些听力材料都是极好的听力资源。每周利用一节课进行听力强化训练，以便学生熟练掌握听力技能，提高听力水平。

（六）了解语言文化背景知识

学生不了解英美国家的社会制度、风土人情、民俗习惯、思维方式及价值观念，很难听懂听力材料的内容，因为特定的文化产生独具特色的语言背景。学生要提高英语听力水平，一定要有足够的语言文化储备。通过多读多记，勤于积累，丰富语言文化知识，培养跨文化交际意识。寻找机会与外国人交流，了解英美国家概况，或多看些原版的英文材料，也可以看一些英文电影、英文电视节目。只要语言文化知识面扩大了，听力能力也就自然而然提高了。

总而言之，培养学生的听说技能不是一蹴而就的事情，而是一个循序渐进的过程，教师要在心理、知识、技巧等各个方面进行必要的指导和训练，才能保证学生的听说能力有较大程度的提高。

二、中学英语高效课堂教学的阅读技能

当代阅读认知理论认为，阅读是一种从印的或者写的语言符号中取得意义的心理过程。阅读也是一种基本的智力技能，它是由一系列的行为或过程构成的总和。研究阅读理论是为了揭示阅读过程中读者的思维活动规律和心理活动特点，分析清楚影响阅读的诸因素，从而更有效地指导阅读教学。选择适当的阅读策略，不但能扩大学生的词汇量、丰富

学生的语言知识，更有利于学生了解西方英语国家的文化。所以，英语阅读策略是英语教学中值得探究的问题。

（一）激发阅读动机

英语教学实践中，兴趣是学生积极开展英语学习的直接推动力，是学生进取向上的潜在力量。学生英语阅读兴趣的培养是英语阅读教学的关键环节，也是提高学生英语阅读能力的前提和基础。因此，教学中应有意识、有目的地培养学生对英语阅读的兴趣，使学生在阅读的同时也能得到愉快的情感体验。

（二）感染阅读氛围

感染是每个个体在无压力的情况下，通过语言、动作、表情等方式引起的与别人相同的情绪和行为。一般而言，感染有情绪感染和行为感染两种。所谓情绪感染就是所有参与者在态度、信念和价值取向等基本相同的情况下，被感染产生的促进个体间的模仿过程。英语阅读教学中注重调动班级群体或阅读群体的积极因素，产生群体阅读动机，自然会带动每个个体的积极的心理阅读指向，反过来，每个个体的积极阅读动机又会促进群体阅读动机的形成，这种相互作用的感染，是培养学生用英语阅读的行之有效的策略。

（三）培养课文阅读

第一，热身巧妙导入。新教材的每个模块阅读课文前都有热身内容，这部分内容既是对本单元知识的一个引领、提示，又是进入阅读课文的一个前期准备和素材收集的过程。巧妙而恰当的导入能使学生在心理上和知识上做好学习的必要准备，激发学生的兴趣和求知欲，从而自然而然地过渡到新内容的教学。导入部分要尽量做到新颖别致，简练到位，时间长短安排适度。导入的方式多种多样，如可以借助与课文相关的事实材料、故事、名言等，也可用提问的方式或热门话题的讨论等形式。不同的教学内容应设计不同的导入技巧，教师应将新内容有机地融合在导入活动中。

第二，泛读领会大意。在学生带着强烈的阅读兴趣和求知欲投入阅读时，教师便可设计出明确的阅读任务引领学生对课文进行课文浅层阅读。教材中也配有一定量的阅读习题，都可以作为学生泛读的任务目标。让学生带着任务去浏览文章，从阅读材料中迅速找到相关信息，这种阅读技能是中学教材中规定的要求学生掌握的主要技能。最常采用的泛读方法有略读、快速阅读、查读或扫读。略读主要是让学生通过浏览文章的标题、插图，文章的首段、尾段及各段的主题句或结构句了解文章的基本思想，从整体上把握文章的基本内容。不同类型的文章所采取的泛读方式不尽相同，并要配以不同的阅读任务。如数据较多或年份、人名较多的文章还可设计出适当的阅读任务让学生以查读的方式找出相关内容完成任务。

第三，精读梳理细节。在学生了解了文章大意的基础上，转向以学生为主体的精读、细读，让学生通过仔细阅读来获取文中的细节信息。在这一步，教师应设计一些表层理解类的问题，如文章明确提及的人物、事件以及事件发生的时间、地点或顺序。设计这些问题在于引导学生熟悉课文的主要内容，促进课堂师生间的互动交流，为深层理解提供了前提条件。

第四，深读概括主旨。学生阅读能力的培养需要遵循学生由浅入深、由外而内的认知规律，实现把零散的信息升华概括的能力，把阅读材料的感知输入转化为深层理解的过程，提高学生对语篇整体结构的认识能力，从而达到一个人的概念能力、背景知识能力和加工能力的有机结合，相互作用，不断提高。

第五，讨论升华主题。学生对课文整体把握之后，又全面地了解课文细节，教师设计探究题，让学生通过阅读和课上课下各种形式的讨论探究活动，来升华主题。

总而言之，在英语阅读教学中，只要教师注重课前的巧妙导入，给学生创造良好的参与条件和参与机会，并在阅读过程中，对阅读方法加以正确引导，让学生带着具体任务进行阅读，指导学生培养概括总结等的阅读技巧，那么，长此以往，学生的阅读理解能力定会不断提高。

三、中学英语高效课堂教学的写作技能

任何一种语言的交流主要是通过两种方式进行的，即口语和书面语。口语通过听、说、读来完成，而写是把语言用文字以有形的形式呈现出来的一种交流方式。口语交际固然重要，但文字表述也不容忽视。中学英语教学中，培养学生写作能力也是很重要的一个环节，值得广大一线教师认真钻研和思考。

（一）建立英语写作观念

写作是把人们的想法和行动以文字的形式呈现出来的过程，在英语学习进程中，写作的操作既能帮助学生巩固基础知识，培养逻辑思维、概括及分析判断能力，又能够激发想象力，培养创新意识。而这些作用正与中学英语教学力求达到的目标相吻合。

写作是一个用语言进行发现的过程，是一个用语言探索我们的知识、对知识感受的过程，是一个用语言了解我们的世界、评判我们所了解的世界知识及交流我们所了解的世界知识的过程。正因为写作在语言学习过程中的特殊地位，中学英语教学中对于写作能力的

培养越来越重视，高考对写作的重视程度也是很明显的，写作在高考英语试卷中所占比例很大。

（二）养成英语写作兴趣

兴趣是最好的老师，而带来兴趣的最直接因素就是动机的驱动。学习动机是取得学习效果的直接动力，学生的学习动机与学习效果有着密切的关系。学生的学习动机不是靠强迫就能产生出来的，而是靠教师的积极引导、鼓励、示范等方式激发出来的。要想激发学生的写作动机，使他们能够积极主动地投入学习，就要帮助他们找到写作的乐趣。首先，确保写作题材多样。写作题材的选取应尽可能提供给学生他们感兴趣的话题，只有使他们感到有话可说，他们才会投入写作任务中去。其次，在写作教学中要努力营造活跃的课堂气氛。使学生们在巧妙设计的任务中，在愉快的心境下，达到提高写作水平的目的。最后，教师还要对学生的进步及时给予肯定和鼓励。在教学过程中要善于发现学生作品的闪光点，激发学生继续前进的动力。

（三）注重英语思维培养

每种语言都有每种语言自身长此以往形成的表达习惯和思维特征，要写出地道的英语文章，就要培养学生用英语思维的习惯。首先，鼓励学生们阅读各种体裁的英语作品，必要时背诵一些经典的英语句子和篇章。在广泛阅读的基础上，仔细体会英语原作的选词、句式以及写作风格，帮助学生为表达出地道的英语做好储备。其次，如果有可能的话，创造机会让学生们多看英文电影，学习英文歌曲等。学生们在接受了大量的英语输入之后，就能逐渐养成英语语感，最终实现用英语表达所见、所闻、所思和所想的目标。最后，指导学生尽量多了解英语语言国家的社会文化、风土人情等语言背景知识。

（四）牢固英语基础知识

牢固的基础知识是英语写作的大前提。因此，教师应该重点强化词汇、句型和语法知识的教学。因为没有字、词、句式作为基础，学生是写不出好文章来的。教学中，重视对一些基础知识的积累而进行的大量记忆是必要的，但不能只会死记硬背，却不注意单词、短语、句式的具体用法。表面看起来掌握了比较多的词汇、短语、句式，但时间长了就容易忘记或产生相似词之间的混淆，甚至出现错用的现象。所以，教师在讲解基础知识时，应该提供一定的例句，并适当介绍一些相关的文化背景，以加深学生们的记忆。同时，也可以传授给学生一些记忆方法，如循环记忆法、联想法等。

（五）应用灵活教学方法

传统的英语写作教学模式和教学方法单一，导致课堂气氛不够活跃，对学生来讲写作过程也显得被动、机械。要求教师在教学中要解放思想，善于学习，勇于尝试各种教学方法，以实现最有效的英语写作教学。例如，教师可以把传统的结果法与过程法相结合，再适当地引入体裁法、写长法、自由写作法等。

（六）加强英语写作练习

教师无论在课堂上还是在课下，都应该有意识地为培养学生的写作能力打基础，作铺垫，还要经常设计一些写作练习、生活有感或是现实记录。写的内容不限，只要学生能抓住机会表达自己的思想、锻炼自己的写作能力就可以。

（七）把握英语写作要点

教师还应重视教授学生们一些基本的写作策略和写作规范，如文体格式、标点符号等都是教学过程中训练写作最基本的要求，需要提醒学生们注意。教会学生必要的写作策略，熟用写作技巧，总结为以下方面：

第一，审题。审清题目要求，包括文体、题材、字数、人称角度等。

第二，语法。语法要特别注意句子的完整性，人称、时态和语态等的一致性和行文的连贯性等。

第三，表达。表达方式尽可能多样化。注意词汇的丰富性（恰当地使用连接词，灵活应用过渡词）、句型结构的变化性，鼓励丰富、多样化的语言表达。

第四，文字。书写要细心、工整，标点要准确，避免涂改。

第五，训练。加强写作教学的基本训练和简单句的练习；多做英汉互译的练习，练习改写和仿写；限时模拟写作训练，加强考生临场应变能力。

总而言之，写作是一种综合能力的训练，贯穿于教学活动的全过程。要提高学生的英语写作能力，就要培养学生养成良好的学习习惯。英语书面表达能力的形成必须从平时教学中一点一滴抓起，学生一点一滴积累，持之以恒，才有可能最后解决英语书面表达的难题，写出准确、地道、规范的英语文章。我们教师在日常教学中能在注重学生整体语言技能提高的同时，能够针对学生的特点，有针对性地对学生进行培养和训练。

第三节　中学英语高效课堂教学方法

中学阶段一些英语教师教学的效率偏低有着多方面的原因。从英语学科本身特点来讲，其与我们汉语使用截然不同的用语习惯，会使汉语用语习惯对学生的学习产生很大的负向迁移作用，而中学阶段的知识要更加深入一些。“从教师教学的方面来讲，一些教师教学观念陈旧、教学方法单一，对于新的教学理念与教学模式，接受起来比较困难，导致英语课堂教学枯燥无味，学生学习动机不足”①。因此，对中学英语教学效率的提升需要教师转变教学观念，积极提升自身教学技能，丰富课堂教学模式，这样学生才能够获得更加有效的学习效果，高效课堂才能够得到真正的落实。

第一，创设教学情境，激发学习兴趣。不只是中学英语教学，各学段学科教师所采取的教学模式多是教师在讲台上向学生单方向的传授、灌输知识，而学生只是在座位上边听边做笔记，在这种情况下，最终整体的教学效果令人不满意，甚至学生对英语的学习兴趣越来越低。在新课改的背景下，很多英语教师致力于探寻能够有效提升教学效率的教学方法，并取得一定的效果，其中注重创设教学情境，激发学生的兴趣是其中效果很好的方法。

第二，优化教学模式，提高学习动力。想要在中学英语教学中促进高效课堂的实现，教师还要注重优化教学模式，可以经常举办一些英语知识相关的活动来激发学生的学习动力，保持学生的学习热情。对于中学学生来讲，如果教师总是拘泥于课堂的知识讲解，时间长了学生就会对英语课感到厌烦。因此，教师可以通过一些朗诵比赛、英语小剧场等教学活动的开展来提高学生的学习热情，从而让学生的学习更加具有活力。

第三，注重师生互动，营造学习氛围。想要在中学英语教学中促进高效课堂的实现，教师就不能一直闷头自己讲自己的，而是要多与学生进行教学互动，让学生积极地参与进课堂学习中来。在以往的教学中，教师过于强调知识的记忆和背诵，使得学生在学习过程中显得十分机械化，忽略了学生主观能动性的发挥，让学生十分抵触。而课堂讨论看似平常，却正是学生表达自身看法、启发自身思维的良好方法，因此，教师应注重在课堂上与学生进行互动，保证学生在课堂学习过程中的思维活跃性，同时锻炼学生的英语表达能力，为高效课堂的构建奠定良好的基础。

第四，注重多元评价，提升学习效果。教师对学生的评价与反馈对提升教学效果具有十分重要的作用，学生在学习过程中都会具有一定的向师性，而中学阶段的学生正处于心理较为脆弱、敏感的时期，教师的关注与认可对他们的积极健康成长极其重要。因此，教

---

① 胡海燕. 中学英语高效课堂教学模式的探索与实践研究［J］. 校园英语，2020（27）：129.

师在教学中要重视对学生进行多元评价，让学生了解自己表现好的地方，从而提高自信，同时让学生了解自身需要调整的地方，明确努力的方向，有效提升学习效果。

综上所述，构建高效的中学英语课堂，需要教师了解自身教学存在的问题，并有针对性地调整，转变教学观念，丰富教学模式，加强师生互动，注重教学评价，全方位构建高效的中学英语课堂。

第四节　中学英语高效课堂教学评价

随着教育改革的不断深入，促使学校的教学观念与学生的学习方式发生改变，进一步掌握英语高效课堂评价的重要内容，可以转变我们的教学思路与教学模式。

一、中学英语高效课堂教学的目标评价

（一）学生实际程度与符合课程标准

学生实际程度和符合课程标准是评价一堂课的教学目标时可运用的第一个评价点，一堂好课的教学目标必须符合课程标准和学生实际的程度。一般而言，中学英语教学的主要目的是激发学生学习英语的兴趣，培养学习英语的积极态度，建立学习英语的自信心；培养学生具有一定的语感和良好的语音、语调、书写基础以及良好的学习习惯；使他们初步具备用英语进行简单日常交流的能力；同时培养学生的观察、记忆、思维、想象和创造能力；适当地介绍中西方文化，培养学生爱国主义精神，增强世界意识，为学生的进一步学习奠定良好的基础。

在课堂中应该把目标具体化，用新课程改革的教学“学科核心素养”来表述。在有些英语课堂上，教师的目光总是停留在某一知识点的教学上，反反复复围着目标知识，只求学生能将知识点烂熟于心。

（二）有效、可行的目标操作程度

评价一堂课的教学目标，还要看教学目标是否明确、具体、可操作、可检测。教师在上公开课之前，通常会将自己的教学目标及教学步骤等以书面或说课的形式展示给听课者。这是评价其课堂教学的有力佐证。教师必须从教材和学生的实际出发来确定一堂课的教学目标，用明确、具体的语言表达出来，不能任意地降低或拔高要求。

一般而言，思想支配行动，意识主导实践。有怎样的思想意识，就有怎样的行动实

践。从构建符合素质教育的新的基础教育课程体系的角度来看，完整的课程目标有宏观、中观和微观之分。教学目标属于微观目标，它只涉及某一具体学科在某一领域对学生成长和发展的预期要求，主要还不是从观念层面发生作用，更多的是从操作层面产生影响。

例如，以下两位教师的教学目标。

A 教师的教学目标：①学习单词 father（dad），mother（mum），man，woman，grand-father（grandpa），grand-mother（grandma），并结合句子进行使用。②学唱歌曲 Father and Mother，培养他们热爱家人的思想感情。③了解中西方文化中关于餐具的知识。

B 教师的教学目标：①能听说、认读单词 father（dad），mother（mum），man，woman，grand-father（grandpa），grand-mother（grandma），并结合句子进行使用。②会唱歌曲 *Father and Mother*。③了解中西方文化中关于餐具的知识，培养学生跨文化交际意识。

这两个教学目标中，显然是 B 教师的更好一些。

第一，B 教师的目标更明确、更具体、更有可操作性。如第一条中，对于新单词的掌握要求，A 教师只说明了教学的内容，并没有具体的掌握到什么程度的说明，而 B 教师则很明确地进行了说明：对新单词的教学必须达到学生能听、能说、看到单词能认读的程度。第二条中，A 教师也是提出学习的内容——学唱歌曲，而 B 教师则提出了学习的要求——会唱歌曲。

第二，B 教师的目标更具可检测性。A 教师在第二条中提出，让学生在学唱歌曲的同时培养热爱家人的思想感情。这一点看似贴切，实际并不可行，这个目标也不是一堂课上就能实现的。这种空洞的表述可以考虑另换成更为实际的内容。

第三，B 教师的目标更符合课程标准。在第三条的表述中，A 教师只要求了解知识，B 教师则要求在了解中西方文化中关于餐具的知识基础上，培养学生跨文化交际意识。

在一切可以利用的时机进行语言文化背景的教学是必要的。教育是一种崇高的培养人的活动。作为学校教育核心的课堂教学在自身的运行过程中具有很强的严肃性和客观规律性，体现在教学目标的建立和实现上。课程设计者只有确立明确、科学的课程目标，课程实施者才会有正确的方向和科学的行动，最终实现育人的价值。

二、中学英语高效课堂教学的内容评价

（一）内容评价的原则

1. 多维性原则

多维性原则是指教学评价应从多个层面、多个角度、多种方式出发来对教学过程、教

学成果进行评价。教学评价的多维性主要体现在以下三个层面：

（1）评价主体的多维性。这是指参与到评价中的主体具有多样性，既包括教师和学生，也包括管理者和研究者，能更好地体现出教学评价的客观性和公正性。

（2）评价内容的多维性。这是指无论是教学要素、教学过程，还是教师水平、学生参与程度以及教学结果等多种元素，都是教学评价的组成内容。但是并非每一次的评价内容都要涵盖以上所有元素，要根据不同的评价目的进行合适的选择。

（3）评价方式的多维性。这是指应该采取多种多样的评价方式进行教学评价，比较常用的方法有教师点评、学生自评、观察法、成长记录法以及同学互评等。

当然，客观、量化的评价指标是评价方法不可或缺的因素，而质性评价也是不可忽视，需要将两者进行结合和统一。这是源于通过量化评价能够有效简化教学过程，而通过质性评价有利于丰富教学过程，对教学过程的真实性和完整性体现非常重要。

2. 真实性原则

在教学评价中，最为基础和最为重要的是真实性原则，这需要与真实的生活情境相结合来看待。只有具备真实的任务，才可能进行真实的评价。真实任务是在真实活动、真实表现以及真实挑战中所表现出来的。详细而言，真实性的特点主要有以下内容：

（1）教学评价只有建立在真实的现实情境基础上，才能确保其真实性，对知识和技能的整合有利于为学生提供更多的问题情景。对学生的知识技能情况和实际运用能力的考察是真实性教学评价的主要工作。

（2）教学过程中需要进行及时的教学评价，这一点也非常重要。一般参与评价的主体有管理人员、学生以及教师等，尤其是学生，其不但要作为被评价者，更要积极地参与到评价中，这样才能有效体现评价的真实性。

（3）真实性评价需要依据一定的量规和检核表基础上，即需要制定一个可以对学生表现进行量化评价的分数或者等级，这样才能更好地体现出评价的真实性。

（4）以学生的角度而言，真实性评价主要包括两个方面：一是评价学生的学习过程情况；二是评价学生的学习结果情况。这也使得评价的两个主要功能即诊断和服务作用更加明显，有利于指导和反馈学生的学习情况，而非只作为区分和选拔的依据。

3. 激励性原则

教师、学生以及管理人员积极参与到教学评价中，使得教学评价的激励作用得以有效发挥出来，并对教学评价的规律进行客观的体现。因此，激励性原则也是教学评价中的一个重要特征，可以从三个方面进行：首先是要让评价双方能够正确认识教学评价，从而激发其参与积极性。其次要进行客观、公正、公平以及全面的教学评价，奖罚分明。这样才能让被评价者清楚地了解到自己的进步和不足之处，也能正确地看待和别人之间的差异。最后保持评价指标和被评价者的一致性。应该根据被评价者的实际学习情况进行评价指标的制定，指标过高和过低都不利于激励作用的发挥。

4. 针对性原则

针对性原则是根据教学评级的针对性要求而言，解决的也是评价中的一些具体问题。无论是对学生还是对教师，只有课堂教学顺利开展，才能充分体现出师生之间的默契程度。当然这需要通过教学评价进行测定，并对师生总结经验和教训非常有利。

当学生的积极性较弱时，教学评价的开展也是非常有利，能够更好地激发学生的自信心，有利于课堂气氛的改善，对教学局面进行调整；当课堂教学比较重要时，进行教学评价也有积极意义，能够对学生的掌握程度进行评估。

总而言之，教学评价的一个重要特征是针对性，但是针对性也有所不同，有可能是针对过程，也有可能是针对诊断或者具体层面。

5. 全面性原则

全面性原则是指在确定评价标准并使用评价标准时要注重全面性。我国的教育方针、教学评价规律都决定着要注重评价的全面性，这主要可以从以下两点做起：

（1）教师需要结合教育方针进行教学评价的设计。促进学生的德、智、体的全面发展是国内目前最为主要的教育方针，因此，这也是教师进行教学评价设计时的主要依据，要将教书和育人这两项任务放在同等重要的地位。

（2）教学评价的规律也是进行教学评价设计时所要考虑的方面，这样才能更加合理利用各种评价手段，确保评价的全面性和客观性，并使得教学评价的合理性更为突出，有利于教学的发展和进步。

6. 差异性原则

每个学生的家庭背景、生活环境各有不同，使得每一个学生都具有自己的个性特征。教师在进行教学活动时，要充分考虑到学生的个体差异。因此，差异性原则也是教学评价不可缺少的一个因素。

教师在进行教学评价设计之前，先要对所有学生的个性特征和个体差异进行有效的了解和把握，而且在学习要求的制定前也要进行学生水平和能力的评估，这样才能有效促进师生之间的和谐和相互理解以及尊重，也有利于改善课堂教学气氛。轻松愉快的教学气氛有利于学生自由地阐述见解和观点，并激发其个性特长的发展。教师在针对中等水平以上的学生进行教学时，要尽量发挥其引导作用，并有效促进学生的成长和发展。若是学生水平属于中等以下，教师要充分发挥自己的激励作用，有效调动学生的学习兴趣和热情，从而提高学生的学习效率。

7. 客观性原则

在教学评价中，客观性原则也是重要的原则之一。针对各种教学活动所展开的教学评价是科学的、合理的过程。通常情况下，只有确保评价的客观性，教学评价才能成为促进教学效果的重要手段。教学目标的实现也是建立在客观评价的基础上；若是评价缺乏客观性，则有可能导致教学和教学目标背道而驰。因此，客观性原则也是评价指标制定的重要原则，并考虑到各种影响因素的制约作用，才能使得标准更加符合教学目标的需要。而且教学评价指标或者标准意境确认后不能进行随意更改，这样才能更好地体现出客观性要求。

8. 方向性与全面性原则

方向性原则也是教学评价的一个重要特征，即在进行教学评价之前要选择合适的价值取向，如此才能确保教学评价的真实可靠。若是教学评价的价值取向不正确或是有所偏离，都不利于教学评价正确方向的选择，从而影响教学目标的实现。方向性原则也是要求评价设计者和教师要保持一致的评价观和价值观，并能够在教学评价上获得统一的认知，关注教学过程中的进步和发展；并重点关注过程和方法、情感和价值观以及知识和技能之间的教育价值。

（二）内容评价的方法

教学评价研究的不断进步，使得评价方法向着多元化方向发展。目前使用较为频繁的评价方法包括自评法、互评法、成长记录袋法、观察法以及专门调查法等。教师在对学生进行评价时，要根据实际情况选择评价方法，这样才能获得更好的评价效果。

1. 自评法

学生自评是一种重要的形成性评价，以学生为中心所进行的评价方法。学生通过自评法能够更加清楚地认识到自己的不足之处，采取有效的方式进行调整和完善，并且有利于教师把握和了解学生的学习态度和学习成果。

自评法主要是对学生的学习态度、学习手段、学习优缺点、学习结果以及努力程度进行评价的一种方法。教师在自评法中应该做好以下两点：首先是从评价目的出发进行自我评价表的制定，帮助学生合理客观地进行自我评价；其次是从学生自我评价的结果以及过程来判断学生的学习态度如何。通常而言，自我评价法常用的是自评表和自我学习监控两种方式。

2. 互评法

根据学生之间的合作以及交流情况进行同学互评。因此，在同学互评方式中，同学之间的沟通和合作交流能力必不可少。由于学生的沟通能力和合作态度有所不同，形成不同程度的信任，是同学互评的基础和前提。教师可以利用一定的技巧促进同学之间的第一次互评。

同学互评并非随心所欲，有其必要的原则。原则主要表现为不能带有主观情感地评价同学的观点和看法，而是要有依据可言。因此，教师在评价一个学生时要利用多个同学的互评表进行，而且要把握学生的评价是否客观和公正，并重点突出对被评价者的优点评价和改进意见。

3. 成长记录袋法

成长记录袋法是将学生的日常学习情况和社会实践情况进行全面清晰的记录或者登记的一种方法。记录袋的内容会随着个人阅历的不同而产生变化，或者说成长记录袋是学生个人成长的一种见证。

成长记录袋在英语教学评价中的作用非常突出，有利于教师对学生的成长情况和课堂变化情况进行了解和把握。而且记录袋会随着学生的个人成长而出现变化，不但对学生的每一次进步和成长会记录在案，而且对学生的每一次退步和学习变动也会进行登记。这种评价方法将学生放在中心位置。学生作为最重要的参与者，对成长记录袋的形成有着直接的影响；而教师只是作为成长记录袋的指导者。

4. 观察法

形成性评价的一个重要方法是观察法，它是对学生的日常学习情况和表现进行有计划、有规律的观察和记录，从而进行有效评价的一种方法。通常情况下，观察的内容包罗万象，可以先将评价内容进行选定后设置到表格中；或者是进行随机的挑选；也可以共同设置观察表格和成长记录袋，这样能够更好地对学生的日常学习情况进行记录和了解。

5. 专门调查法

形成性评价中的另一个重要方法是专门调查法，它和观察法相比较，具有更加直接的特征，它是针对学生的学习行为、学习活动以及学习兴趣进行评价的一种方法，而且对数据也能起到较好的收集作用。专门调查法的针对性较其他方法更为突出，一般可以采用调查问卷或者是访谈、座谈等方式。

通过让学生进行问题和情境问题的回答进行评价的手段称为调查问卷。而经由教师和学生进行直面的交谈以及谈话进行信息的获取方式称为访谈和座谈。

通常而言，成长记录袋的主要内容包括：一是记录学生的入学情况；二是记录学生的日常学习表现；三是记录学生的日常作业和评价；四是记录家长和教师的评语；五是记录学生的期中和期末考试成绩；六是记录学生的同学互评情况和建议。

三、中学英语高效课堂教学的过程评价

（一）过程评价——新课呈现

英语新课呈现是要求教师在一种能使意思明了的情景中清楚而自然地说出新的语言，使学生通过教师的示范、表演，感知和理解教师所呈现的语言材料。感知是指学生能听清楚或把握所学语言材料的声音，或看清楚其书写形式；理解就是通过教师创造的语言情境明白听到的或看到的语言材料的意思。教育心理学常识告诉我们，在教学条件下一学生掌握知识的过程一般是从感知、理解教材开始的。英语课的教学效果在很大程度上也就取决于教师在呈现环节中与学生认知过程协调的效果。

1. 音义形与视听说的结合

语言的音、义、形是一个整体，在呈现中不可将其截然割裂开来。在具体操作过程中要将音、义、形与视、听、说紧密结合，教师在精心创设的语言情境中清晰、准确地呈现读音，让学生眼、耳及全身集中关注，把新的语言材料听得清清楚楚，在教师的引导下正确模仿、复述，迅速上口。在呈现语音的同时，教师根据教学内容，利用各种手段创设语言情景，就是要使语言适合环境，让环境体现语音所表达的意义，以确保学生能准确地听清其音，理解其义。教师要在学生听清、弄懂的基础上，适时、规范、完整地呈现其形，把新语言材料的结构展现给学生，使学生将新语言材料的音、义、形对号，建立联系。在呈现过程中既要注意新语言材料的完整性，又要努力突出重点。

呈现过程中教师把握好新语言材料的音、义、形这三个关键，而学生则通过视、听、说，调动多种运动分析器参与感知活动，获取新的语言知识和技能，从而保证了新语言材料准确、顺利地“输入”，为紧接着的“操练”和“练习”奠定良好的基础。

2. 循序渐进并逐步地深入

在教学论中，循序渐进是一个重要观点，能够客观反映学生的认知规律。学生认知规律有一个渐进发展的过程，从未知、简单、单一转向已知、复杂、综合。除了教材的编写之外，新语言材料的呈现也要对这一认知特点的原则加以遵循。

（1）不应当过分集中呈现新内容。在认知水平的限制下，不能一次性接受过多的知识。学生听的内容如果超过了一定水准就会听不懂，可能因为其中某一个步骤的空缺而导致整体知识无法连接的情况，因此，教学中欲速则不达。教师应当把握主要矛盾对这一问题进行处理。应当妥善编排篇幅较长，且内容比较集中的实习材料，对资料进行划分，让学生逐一学习。

（2）按照由易到难的规律学习最新内容。学生的认知过程是有层次的，所以新内容的呈现也要由简到难，逐步呈现。

（3）应当设置不同的情景多次呈现同一内容。由于一个班级的学生数量较多，不同的学生有不同的思维方式和心理特征，教师仅仅设置一个场景呈现学习内容不足以满足所有学生的认知，有些学生甚至会错误理解教学内容。反复多次地呈现同一内容能够使学生更扎实地理解教学的内容。

（4）重视呈现过后的操练和检查。让学生对英语原材料进行感知和理解是呈现的目的。向学生输入知识是教师的任务，对语言材料进行理解和感知是学生的任务，学生要对自己的理解进行及时反馈来确定正确。在教学效果的检查方面，教师可以通过问答和复述的方式来观察学生的反应。如果效果没有达到教学要求，应当重新呈现教学内容。

（二）过程评价——提问形式

英语课堂提问是课堂教学的重要组成部分，是教师传授知识、训练技能、师生进行双边活动的主要形式。教师在课堂教学中，有目的地设计提问，不仅有助于教学效果和质量的提高，有助于学生深入理解教学内容，而且对于培养学习兴趣、激发深究知识的愿望、启迪学生的思维，有着积极的意义和作用。课堂提问，是一种教师提出问题，引导学生运用已经学过的知识经验，回答教师提出的问题，从而获得新知识的方法，是课堂教学使用率最高的一种教学手段。教师提问设计的得体、精巧，能把学生引入“问题情境”，激发学生探索知识和阅读的欲望，培养兴趣和习惯，引导积极思考，掌握知识发展智力，能充分地激发学生的思维活动，使学生通过独立思考获取知识，积极探索，智力活动的积极性得到充分调动，对发展学生的英语语言表达能力能起到极大作用。

1. 提问的形式

（1）设疑式。学生在学习中有时提不出问题来，这不一定说明他们对知识已经理解和掌握。这时就应由教师提问设疑，引起学生注意，激发学生求知的积极性和兴趣，使学生由被动学习变为主动学习。

（2）发散式。通过提问，启发学生多方向地改变思维角度，运用已学过的知识，重新用自己的语言表达出来，这样学生既巩固了所学知识，又培养了语言表达能力及思维能力。这种方式对课文的重点词句、句型、语法等的巩固、理解作用更大。

（3）深究式。教师讲授知识，应从学生实际水平出发，向学生提出较新颖的、有一定难度且是学生可以完成的问题，启发学生积极思考问题，灵活运用知识，达到掌握课文内容及主题。

（4）对比式。有时为了起到突出课文的主题思想，可运用对比的方式，启发学生的思维，进一步加深对课文的全面理解。

2. 提问评价方式

以阅读为例进行探讨，在英语教学中，阅读已经成为非常重要的一部分，而阅读教学的重点又在于提问设计，应进一步探索其理论和实践。在英语阅读教学的过程中，对于提问的设计不要直来直去，应尽量曲折，让学生充满兴趣；提问设计要注重“巧”和“度”；提问设计要逐步深入，呈阶梯状，还要关注学生的回答，这些都会对阅读教学产生一定的影响。在英语阅读教学的改革中，要将提问设计作为出发点，同时这也是英语教学要重点探索的。

教师在设计英语阅读教学提问的过程中，提问的质量是要重点关注的；设计的问题要与学生的水平相符，有适宜的难度和启发性，要清晰明确，可以带动学生进行思考；提问要对思维能力进行相应的锻炼，保证学生可以充分开动脑筋，通过不断思考回答出来；提问要考虑到大部分学生，给不同层次的学生提出适合他们的问题，不要过难或过易；问题之间要有一定的联系，逐渐地深入和递进，首尾产生呼应；要有计划地对问题进行设计，保证问题的全面性，不要随口就来。教师在基于上述这些进行问题设计时，还要有仔细的思考，考虑到学生对同一个问题的不同回答，并针对这些回答给予怎样的分析和引导，不断提高学生的能力，这些都是要事先准备的。

（1）提问要激发学生的学习兴趣。若是教师设计的问题毫无难度，既容易又简单，让学生不用思考就能回答出来，这种积极回答就是流于表面的，只会让学生的思维水平站在原地踏步，没有任何的进步与发展。因此，学生当前具备的思维逻辑水平是设计问题的出发点，要在此基础上变换一下角度和说法，激发出学生的学习兴趣，提高学生学习英语的积极性。

（2）提问设计要设阶梯，逐级攀登，以完成教学任务。要用铺垫性的问题来引出教学过程中的重点和难点，参考学生的实际水平，分解困难的问题，使其简单化。不仅符合心理学的规律，也符合教育学的规律，更是和学生的认知相一致。

（3）提问设计应有“度”。要从广义上来理解这个“度”，其中包含了提问设计的角度、难度、亮度（重点在于感情色彩，从学生本身具备的知识经验和无法适应新接受信息而产生的心理失衡出发，向学生提出感兴趣的问题）、深度（铺垫性设问）、跨度（从教材重难点出发，集中问题，在一个问题中包含多方面的内容）、密度和精度等，尤其要注意把握好问题的难易程度。提问的难度得当，才会让学生产生求知的欲望，集中注意力，发散思维，让学生不断提高自身的智力，但这要从学生普遍的智力水平和知识能力出发。教师不要只通过自身的主观想象去设计问题，应该根据学生的实际情况，在调查之后再进行提问。如果问题过于简单，学生就不会认真思考，教师也不会与学生产生更多的沟通，这是失败的提问；如果问题难度太大，学生答不上来也不敢回答，就会让学生失去思考的积极性，打击学生的自信心，这个提问就没有了价值。所以，从难易程度而言，提问既要考虑到学生的整体素质，也要回归问题本身。而这两点也是教师在设计问题的过程中要特别注意的，只有这样才能让教师和学生双方都获得进步。

（4）提问设计要“巧”。在设计英语阅读教学的问题时，教师要注重研究不同的题型。从横向看，这是考虑到学生的实际情况和教材内容有一定的差异；从纵向看，这是因为课堂教学中有着不同的环节、流程和时机。要想展现出不同的教学功能，并与提问机制相一致，就要在纵横交错中采取不同的提问方式。意味着教师要巧妙地设计问题，通常要注意以下方面：

第一，提问方式要多种多样，如追踪探因式、填充补续式、选择比较式、检查整理式等。

第二，要注意操作调控的方式，对提问的时机、方式、对象和评价都要进行关注。

第三，尽量避免提问带来的负面影响。提问要忌偏、忌深、忌浅、忌滥、忌全。

第四，提问要有逻辑性，问题要有清晰的概念，要适度且合理，抓住重点。“巧”是英语阅读教学提问设计中必须要做到的，不仅能够充分利用教学实践，还可以保证教学质量，应该长久地坚持。

第五，提问要注意对学生回答的处理。当教师已经具备了足够的课堂教学经验时，一定会恰当地处理和评价学生作出的回答，而这也是一个非常必要的教学环节。当教师对学生的回答作出相应的评价时，一定是已经知道了学生的回答正确与否，并且要及时指出不正确的地方加以引导。既能够让学生进一步地掌握知识，对知识有清晰的认知，也能够锻炼学生的思维能力。教师既不能对学生的回答不进行评价，也不能做出含糊其词的评价。

通常情况下，教师的问题要面向全体学生，在给出学生一定的思考时间之后点名进行作答。当学生回答完问题后，教师再邀请其他学生补充和评价这名学生给出的答案。这能够让全班同学都积极踊跃地思考问题。若是教师邀请的学生不能够对前一名学生的回答作出修改和完善，教师可以从其他角度切入这个问题，并让所有学生都集中注意力进行思考，当学生回答完后教师要给予相应的总结和评价，让问题得到完美的解决。可以让学生对知识有更深的记忆，从而奠定一个良好的基础。

英语阅读教学的结构是动态的、复杂的，充满了不同的因子，每个环节都会对阅读教学的质量产生影响，所以，必须给予足够的重视。在阅读教学中有一个值得关注的点就是提问评价，应对其理论和实践做出进一步的研究和探索。教师只有在英语阅读教学中同时做到备课和备人，才能设计出恰当的提问，并充分发挥其作用。教师只有充分地了解学生、熟知教材，才能提出合理的问题，做到层层递进，对“度”和“巧”都有充分的把握。只有对教材和学生都了如指掌，才能找准问题的切入点，设计出科学、合理的提问，而不是含含糊糊地提问。在英语教学中有一个不能忽视的课题就是以提问设计为出发点，对英语阅读教学进行深入改革。

四、中学英语高效课堂教学的组织评价

（一）组织评价——调控

教学效果的好坏往往取决于教学活动的质量好坏，好的教学一定要考虑活动的质量。由于学生的千差万别和教育情境的错综复杂，教育过程中随时会发生一些意想不到的事情。为保证活动的质量，教师的教育机制表现为能根据当时的情况，灵活果断地处理突发事件，及时地调节和消除矛盾行为，从而有效地组织教学活动就显得尤为重要。

1. 突发事件的调控评价

在评价一堂课时，应关注教师的课堂应变能力。良好的应变能力反映了教师良好的教学机制，它能使课堂中的意外化险为夷，使教学过程更加顺利，使一堂课更加完满。

课堂教学是教师和学生双边的活动，教师所面对的是一群活泼爱动的学生。几十名学生的性格爱好、学习程度等各不相同，再加上外因的影响，难免出现一些意外。教师教学技能的体现不在于如何掩饰、消除错误，而是要利用错误，把教学错误也作为一种教学的资源。

错误，是一种宝贵的教育资源。教师不但要宽容学生的错误，更重要的是善于发现契机利用挖掘这些错误，教师要在纠正错误中，开启学生的智慧之门，因为学生改正错误之后获得的认知比直接获得正确的认知更透彻。

教师在课堂里的变化多数是随机的，不可能在备课时做出完美的安排。同一个教师上同样的一节课，在不同的班级、不同的时间里，教学过程都是灵活变化的。因此，课堂要求教师要有敏锐的观察力、快速的反应能力和良好的心理状态，准确地捕捉有利的时机

（也许就是学生的一句话），迅速想出应变对策，巧妙地融入教学过程。

2. **教学内容的调控评价**

课堂教学是按照教师一定的规则和设计来进行的。教师是整个课堂教学的调控者，而学生是教师指挥棒下的乐师，整个乐章应是和谐有序的。

在课堂教学中，计划固然重要，但课堂教学情况瞬息万变，面对活生生的学生，若一味按计划进行教学是行不通的，因此教师要能够根据学生的反馈信息对教学进程、难度进行及时、适当的调整，只有这样，才能保证课堂教学的顺利进行，才能提高活动的效率。

（二）组织评价——节奏

课堂节奏指的是一堂课速度的快慢变化和呈现出的规律。如果英语教师有着丰富的经验，就会很善于掌控课堂节奏。因为学生在充满节奏的课堂中始终能集中注意力，保持学习的热情，让课堂教学可以松紧有度，收放自如，进而更好地完成教学目标。

1. **教学方法适当**

把握课堂节奏主要在于教学方法的选择。而教材的内容和特点决定了所选择的教学方法。只有适当的教学方法才能让课堂充满节奏感，从而实现良好的教学成效。

英语课教材有着不同的风格、体系和内容，所以有不同的方法。英语教师要对教材有充分的把握，选择最适宜的教学方法，才能保证教学的质量，激发学生的兴趣。读书指导法可用于知识性和常识性的课文，讲授法可用于理论性较多的内容。当然，在一堂课中应使用整体教学法、情景教学法、翻译教学法、直观教学法等不同的方法，而不是只单纯地使用一种。这样才能让教学过程充满乐趣，从而让教学充满节奏感。

2. **教学时间合理**

知识容量是掌握一堂课课堂节奏的重点。从整体而言，当下的英语教材能够合理地配置词汇、语法点、知识点和句型。教师在备课过程中要对教材有充分的理解，把握不同的知识点，具备知识容量。此外，还要以此为基础对知识进行补充、强化和弱化。一堂课要有合适的知识容量，过大或过小都是不可取的。通常情况下，一堂课的知识容量要刚好被学生消化和吸收。若知识容量过大，则学生无法消化，会降低学习成效；若知识容量过小，则会导致学生失去学习的积极性和兴趣。

要想保证良好的课堂节奏，就要把控好知识的容量。但怎样更好地传授这些知识，突出重点，对非重点进行适当的讲解，这些内容所需的时间都要进行合理的安排。要灵活地掌控开头和结尾的时间，保证有足够的时间讲解重点和难点知识。按照课时需求合理地安排时间，在定时定量的基础上做到灵活多变，这样才能让课堂教学有良好的节奏以及井然的秩序。

3. 课堂氛围轻松

课堂节奏也会受到学生情绪的影响。学生在课上没有高昂的情绪，就算教师讲得再生动形象，也无法取得应有的教学成效；如果学生在课上充满了求知的欲望，有着积极的情绪，那么就可以让课堂氛围更加的轻松和谐，保证良好的课堂节奏。因此，学生的情感要时刻得到教师关注，并进行相应的调节，进而对课堂节奏进行把控。当学生情绪低落时，教师应缓解严肃的课堂氛围，讲一些充满趣味的内容，让课堂氛围变得轻松；当大部分学生已经学会了当前的内容，无法集中注意力时，教师应改变知识的密度，适当地放快节奏。

总而言之，察言观色是教师在教学过程中必须要做的，及时调节学生的情感，用积极的情感代替消极的情感，保证课堂中始终充满好情绪。教师应该用生动形象的故事去解读枯燥的知识，这样才能让课堂轻松活泼。教师应不断提高自己的语言能力，让学生被自己的语言技巧所吸引。教师应把控好课堂的开始、中间和结尾部分，使之呈现出自然的过渡。教师应充分利用例子来讲课，串联起各个教学阶段的知识，让学生在轻松的氛围中学习知识。

把控课堂教学节奏是教学的学问和艺术。教师只有深入地分析和研究，才能对课堂节奏有良好的把握。

（三）组织评价——气氛

教师和学生通过课堂教学完成相应的沟通和交流，那么课堂气氛就是评课最直观、最明显的评分点和观察点。外语教学有着丰富的方法，但这些方法花费的时间、实现目标的速度以及付出的代价都是不同的。只有让学生有更好的英语学习效率，才能让学生减负。在英语教学中，有一个目标是极其重要的，就是激发学生学习的主动性，而只有让学生沉浸到英语学习中，爱上英语，才能更好地实现这个目标。教师能否取得英语课堂教学的成功、激发出学生的兴趣、提高学生学习英语的主动性关键就在于教师能否提高学生学习英语的热情，和学生一起让课堂氛围变得更加轻松和谐。

1. 课堂气氛的重要性

在英语课堂教学中，课堂气氛是非常关键的，关系着一堂英语课的评价，师生只有在良好的课堂气氛中才能产生良好的教学效果。教学要充满情感，要想提升学生的创造性和积极性，发散他们的思维，就要保证其情感是积极的、稳定的，民主的课堂气氛为学生提供了创新的环境。

良好的课堂气氛也在很大程度上影响着学生的学习。学生的内在心理状态好坏决定了教学能否取得良好的效果。低落的情绪无法产生良好的效果，而高昂的情绪则可以扩大效果。外部环境会对学生的心理状态产生较大的影响，学生会在浓郁的英语环境中被快速同化。轻松和谐的课堂气氛才能让教学有良好的效果。当学生所处的学习环境既轻松又和谐时，就会激发出他们的学习兴趣，使其发散思维，增加想象力，从而对知识和技能有更好的掌握，对知识充满了探索的欲望，有着强烈的求知欲，让他们不畏惧任何困难。

所以，教师必须保证课堂气氛的轻松与和谐，这样才能让学生用积极主动的态度进行英语学习。而教师也需要一个良好的课堂气氛，这会让他们始终有不错的心情，对身体和心理都有益处，当人怀着愉快的心情去工作时，能够提升工作的质量和效率。课堂教学占据了教师的大部分时间，而这些时间都是和学生共同度过的。学生只有在轻松和谐的气氛中才能提高创造力，发展自身的个性。教师要保证课堂气氛是平等、和谐、宽松的，给予学生足够的尊重，让学生的情感始终是积极的、向上的。

保证教学氛围是和谐的、民主的、宽松的，对学生情感有足够的重视，而且要求英语教师要遵守下列这些规定：

（1）每个学生的自尊心都要得到教师的保护，给予学生足够的尊重和鼓励，提高他们学习的积极性。

（2）在英语教学中融入相应的情感教育，引导学生参加不同的学习活动，相互帮助，取长补短，感受到集体带来的成就感，培养合作意识。

（3）对于学习上存在困难的学生要给予更多关注，积极地为他们营造语言交流的环境。

（4）教师和学生之间的交流应遵循民主的原则，教师应该和学生共同分析学习的过程和成果，在鼓励和交流中共同进步。

2. 课堂气氛的评价方向

英语课堂教学需要调动学生的多种感官，并且具有多功能性、多层次性和高综合性等特征，是教学双方互动的一个过程。在教学过程中，教师需要激发学生的学习动机、调动学生学习的积极性。具体而言，教师可以从以下方面入手来调动学生的学习积极性和热情，让课堂气氛得以优化并确保其教学效率：

（1）发挥学生的主体作用。英语课堂教学需要教师积极的引导、组织和学生的积极参与、配合，而整个过程中要强调学生的主体地位。所以，课堂教学组织既不能忽视教师的主导作用，也不能轻视学生的主体地位。要想确保教学质量就应该充分发挥学生的主动性和积极性，而学生主动性和积极性的激发离不开教师的主导作用。

在课堂教学过程中，教师是为学生提供服务的主要参与者，因此教师要对学生的个性和特征进行分析，对学生的学习心理需求予以把握。并以实际情况为出发点进行教学组织，遵守英语教学原则来开展英语课堂教学，在条件允许的情况下采用英语来教学，母语只是作为辅助教学的手段；对语言基本知识进行详细的讲解，以强调学生英语运用能力的培养；为了促进学生的学习效果，可以创建各种语言环境，激发学生参与到英语实践中来，并提供更多让学生接触英语的机会，为学生自主学习英语提供良好的环境，并激发学生学习的主动性和积极性，不仅要提升学生英语听说读写的能力，也要针对全体学生进行教学，让每个学生都能学有所得，既要考虑优秀拔尖学生的学习需求，也要兼顾所有学生的知识水平和认知结构。

（2）活跃有序的课堂气氛。愉悦、欢快的课堂氛围更能激起学生的学习兴趣和积极性。学生具有活泼好动的特征，对形象化、有趣以及直观的课堂更感兴趣，在教学过程中可以穿插一些有关的游戏，为学生学习提供一个相对愉快的环境和氛围。教师可以针对学生的性格特点进行学习氛围的营造，以促进教学目标的达成。英语课堂中还可以通过各种游戏和活动如单词擂台赛、英语歌谣来充分调动学生的注意力和自主性，并有利于课堂气氛的营造。

师生只有具备执着和热烈的精神面貌才能促进良好课堂氛围的营造。良好的课堂氛围应该是有序不呆板且具有生机的。教师可以借由一些有节奏感的歌谣来调动学生进入课堂的注意力，并在唱跳中激发学生的学习热情和学习兴趣，有利于其自主地参与到学习中。而且通过游戏和活动，可以让学生更好地掌握语言重难点。对此很多英语教辅材料中也予以了详细说明和进行了重点强调。

应该以促进孩子们的成才为基础来进行活动设计，教师可以采用任何形式的活动，可以借鉴和再创造，从而构建具有特色和能够吸引学生注意力的语言训练内容。像传话游戏就是我们耳熟能详的一个语言训练活动，在热身环节或者是新授环节都可以加以利用，有利于学生巩固新词句的学习，也避免了简单的跟读方式造成的沉闷枯燥的学习氛围，而且有利于练习难度的提升，对学生的思维培养也非常有利。

（3）平等和谐的师生关系。良好课堂氛围的形成是建立在平等和谐师生关系基础之上的。学生会不自觉地对教师的专业水平、看待问题的态度以及人格态度等进行评价，进行是否信任和是否亲近的划分；并会将对教师的看法转移到对其所授课程的看法上。

中学英语阶段也是学生开始形成情感性学习的重要阶段，这一时期的学生具有强烈的情绪化特征。所以应该在教学过程中遵循尊重学生、热爱学生的原则，对每个学生给予必要的关注，并平等对待；不以学生的成绩好坏、出身、性别等来决定态度。并给予每个学生提问和回答问题的权利。课堂教学中要平等关注每一个学生，教师对学生的心理变化和志向要予以关注，最为重要的是要清楚记得每个学生的名字，让学生获得被尊重的感觉。若是能够公平对待每一个学生，出于真心地关心、爱护学生，那么也将更容易获得学生的尊重和认可，也有利于调动学生学习的积极性和主动性，让学生能够在相对愉快、轻松的氛围中进行学习。

蹲下来和学生交流也形象地表达出了师生平等要求。英语教学过程中，教师适时地蹲下来和学生平等沟通，以孩子的视角来看待问题和世界，以孩子的思维来考虑和体验，并保持和学生一样的愉悦情绪和精神，这才是对学生真正的尊重和理解，才能使得设计教学是以学生的成长为基础来进行，有利于师生之间的平等互动，加强课堂氛围的营造。营造更为轻松愉悦的课堂气氛，也更能激发学生学习的兴趣和热情。教育并不只是简单地将知识传输给学生，更是需要从心灵的高度进行熏陶、影响。

只有师生之间进行积极的、无所阻拦的交流和沟通，才能真正地创造轻松愉悦的课堂氛围。师生之间的关系是真诚的、融洽的，才能有效促进教育的成功。课堂教学是师生之间沟通和交流最好的载体，所以积极的、平等的课堂教学氛围的营造也是非常有必要的，有利于促进师生之间的情感的交流。为此教师需要对每一个活动细节的设计都予以重视，以营造师生平等、愉快融洽的课堂气氛，充分发挥出学生的主体创造作用，激发学生的创新思维和培养其创新能力。

五、中学英语高效课堂教学的教师评价

教师的语言是课堂教学的重要组成部分。教育的艺术包括谈话的艺术，这充分说明教育艺术很大程度上取决于教师的教学语言。语言交流在学生认知发展的过程中起着一种特殊的作用。因为教师不仅通过语言来有意传递信息，更重要的是它能有目的地影响学生的认知活动过程，促进和提高学生进行自我教育的质量。

英语教师的语言艺术水平直接关系到课堂教学的质量。教师自然流畅的语调、抑扬顿挫的节奏能使学生置身于良好的语言学习环境，保证教学信息在传输的过程中发挥最佳的效果。英语教师语言艺术的提高，不仅是一个语言技巧问题，而且涉及教师自身的文化素质和文化修养。英语教师必须在加强语言基本功训练的同时，不断拓展自己的知识面，充实教学内容。

（一）教师评价——语言

1. 英语教师的口语评价

英语教师的口语素养是教师的最基本素养之一，其口语的水平在很大程度上影响授课

质量和学生的英语口语能力。英语老师的口语对学生影响很大，英语教师能讲一口流利纯正的英语，能吸引听课学生的注意力，反之，即使英语教师的课上得再好，教学设计理念新颖，但是教师的英语口语不纯、不准，也会影响学生的听课效果和英语发音。

中学英语的主要目的是激发学生学习英语的兴趣，同时培养学生一定的语感和良好的语音、语调基础，使他们形成初步用英语进行简单日常交流的能力，为进一步学习打下基础。因此，就教师素质而言，口语能力是至关重要的。拥有正确的语音语调是对英语教师的最基础的要求，英语教师的口语素质远不止于此。关于英语教师的口语可以从以下方面进行评价：

（1）语音语调。不仅要能读准单个的音标、单词、重音，还要知道如何半爆破，某些音节的弱读和连读。通常英语的句子有升调和降调以及一些升降调规则，如一般疑问句用升调，特殊疑问句用降调。英语口语中的音调并不单调死板。句末不仅升降调不符常规，而且还有轻读和平调。句子中我们认为是重读的词汇他们也可能用平调。一位优秀的英语教师对学生的影响力是不可估量的，学生往往会被教师一口流利的英语，纯正的语音语调所吸引，渴望像老师那样讲一口流利英语的心情便会随之出现，随之便会转化到对英语学科的喜爱，慢慢地就产生了学习英语的兴趣。所以，评价教师的语音语调是教师口语评价的第一要素。

（2）重读韵律。英语语句中的词汇并非个个重读，要重读的往往是需要听者特别注意的信息。不重要的信息往往发音比较含糊且速度较快。另外，针对中学生语言而言，重读的词一般速度较慢，而且发音也比较夸张。由于意群和句中重读的相互影响，英语口语，尤其是较长的语句，往往有节奏感。这是原汁原味的语言所特有的，也是英语学习者难以达到的境界。语言的节奏对于中学生学习英语而言是非常重要的，有强烈节奏感能够激发起学生的兴趣。

（3）语言的丰富性。语言是丰富的，必须要有丰富的输入，才能保证多变的产出。不能粗浅地认为需要学生掌握多少，教师用语就必须限定在这些词汇和句型之内，不能超越雷池半步。如果学生只是反复地接触书上的有限语句，就不利于他们的思维发展和对新语言现象的适应能力。同时，也容易造成他们对话内容的单一模式。教师与学生的交流应当贴近生活，尤其是对于低龄初学者。对话的话题应该与他们的真实生活相关，如家庭、学校、同学等，也可以是学生们共同感兴趣的事物，如卡通、运动等。贴近生活并不意味着必须绝对真实，童话故事，科幻故事也是学生喜闻乐见的，是生活的一部分。

（4）语句表达方式。注意中学学生语言和成人语言的区别。由于中学学生思维和理解能力的限制，教师的语言必须灵活控制。采用中学学生语言模式，向中学学生语言靠拢，可以使学生容易理解，也容易维持和延长学生的语言学习的兴奋时间。为了保证一定量的正常语言的输入，教师在许多时候必须采用成人语言模式，但要注意不能太成人化。根据语言学习梯度理论，中学生学习语言的过程是不断向成人语言靠近的过程，所以教师的口语和学生的用语之间应该略有差距，以便学生不断模仿改进。所有不被学生理解的表述都是无效劳动。

中学生由于语言知识有限，教师必须通过尽可能简单的词汇表达比较复杂的意思，同时还要借助非言语交际手段（non-verbal communication）。全部身体反应（TPR）教学法非常注重非言语的交流，只要学生能够根据教师的指示或所听到的内容做出正确的身体反应就说明学生理解了语言。在唱歌时，要借助教具或动作表现歌词的意境。还有一个问题是，在课堂教学中，教师普遍追求完整的句子结构（complete sentence structure）。

（5）语言的文化特征。不同的文化背景会导致交际障碍。然而，这却是最容易为广大教师所忽略的。语言是文化的载体之一，各国语言中都有特有的文化成分。有一个需要注意的问题是隐私，如聊天时不要谈及对方的收入、婚姻、女士的年龄等。

（6）语言的生动性。幽默、趣味性的语言和高低适度的语调，强弱适中的音量，快慢适宜的语速，才具有动感，富有感染力，能够创造出丰富多彩的语言情境，形成生动活泼的课堂氛围。评课时要看教师是否善于用含蓄暗示和牵引点化、指点引导的语言，诱导学生随着自己的思路去考虑问题、分析问题和解决问题。

（7）语言的准确性。英语教师课堂语言力求准确、流利。英语教师的课堂教学语言与其他学科教师一样，表达要准确。教师口语要流利，语音语调要地道。只有用词得当、推理严谨、逻辑缜密、观点明确、表达准确的课堂语言才能把有关专业知识和思想内容表达完整，才有助于学生对知识的正确理解。教师在教学过程中的设疑答难、讲述解释、分析推理、总结归纳用语以及导入语、过渡语、讲述语、总结语等不同语体，必须力求准确。

（8）语言的规范性。英语教师的语言是一种专业语言，要在简明、准确、幽默、风趣和韵律、节奏等方面加强。英语教师必须坚持用英语教学，让学生用英语来想英语。同时，相应的“体态语”要尽可能符合英美人的习惯，这种“仿真”使学生产生新奇感，并置身于英语语言环境之中。英语教学的语言不仅要有与其他学科一样的形象性与准确性，还应追求语言的韵律感、幽默感、新鲜感。作为一名英语教师，除了口语流利外，还要注重语意与语境、语调与语速相结合。自然规范的语音语调，将为有效的口语交际打下良好的基础。

（9）语言的情感性。教师要说服学生、感化学生，必须讲究语言的情感性，把握好语词的情感色彩。语言的情感性有一定的技术参数。教师的语言艺术的情感性是客观存在的。只要教师满怀情意，单调的教学就能变得有声有色，学生听到的就不是枯燥乏味的语言。英语教师的情感性一般表现在语调的升、平、降、曲四方面。平表示淡漠、悲痛的感情；升表示疑问、愤怒等语势；降表示坚定、祝愿等情绪；曲表示幽默、怀疑和讽刺的语意。

此外，英语教师语言情感还体现在语气的变化上，通过不同的声音和气息可以表示不同的语言，如“气徐声柔”，给学生以温暖感。

2. 英语教师的激励性评价

所谓激励性评价又叫作肯定性评价，它是指发挥其内在的激励机制与外在的激励功能，激发被评者自我完善、自我发展的行为动机，鼓励被评者不断前进的积极性和创造性。激励性评价并不完全是新课程改革的产物，长期以来在不同的课堂教学中都有所运用。

教育的艺术不在于传授本领，而在于激励、唤醒，与鼓舞。这句话充分说明了对学生评价的作用。评价也是一门艺术，激励性的评价手段不仅可以满足学生的成功感，而且可以激励学生产生不断向上的精神。激励是教育最基本的功能。成长在充满激励氛围中的孩子会不断进取。教师要善于从学生的反馈信息中，敏锐地捕捉到其中的闪光点，并及时给予肯定和表扬。

（1）激励性评价的创新理念。激励性评价的理念决定着英语课程教学的具体实施与操作，影响着总体教学评价的价值与意义。只有确立合理的评价理念，才能充分发挥激励性教学评价的作用，引导整个课堂教学和每个学生朝着正确的方向发展。

第一，激励性评价要结合具体的教学情境。在教学中，学生原有的认知结构、教学内容、教师的个性品质等共同构成教学的情境，是特定的、唯一的，不存在两个完全相同的情境。激励性评价，总是和特定的教学情境紧密联系在一起，教学情境的每一个因素都直接影响着学生的体验。因此，要以不同阶段的英语课堂教学情境来确定评价的对象、标准与办法。只有考虑具体的教学情境，才能对学生的课堂表现行为作出全面的评价，对学生体验的意义做深入的把握。

第二，激励性评价要贯穿于教学的全过程。激励性教学评价与教学活动同时进行，是教学活动的重要组成部分。在教学过程中，教师要根据随时掌握的学生的最新情况，对学生的体验作出即时的评价，并且要根据对学生体验的评价结果来调整教学。当学生对教学内容产生积极的体验时，说明教师的激励得到了学生内心的认同，教师应当保持并发扬相应的教学方法。当学生对教学内容产生消极的体验时，则说明教师的激励并不能调动学生的学习兴趣，满足不了学生的需要，必须进行相应的调整。将激励性评价贯穿于教学过程之中，能够使教师明确教学中存在的优缺点，改正缺点，不断完善教学。

第三，激励性评价要有利于学生的发展。我国的新课程改革强调要“立足过程，促进发展”，评价不再是为了选拔和甄别，不是选择适合教育的学生，而是如何发挥评价的激励作用，关注学生成长与进步的状况，并通过分析指导，提出改进计划来促进学生的发展。激励性教学评价的评价理念与新课程改革所强调的评价理念是一致的，在日常教学中，激励性评价并不是对学生的课堂教学表现作出一个终结性判断，而是以评价为依据，使他们在引导激励下看到自己的能力和进步，为学生的进步发展指明方向。

（2）激励性评价的运用方法。激励性评价的运用，不同的教师有不同的方法，其中比较切合英语课堂教学实际，又能快速调动学生积极性和提高英语成绩的方法有以下方面：

第一，内容翔实的激励性评价。对学生进行激发内驱力的评价，不仅要注重情感因素，而且应注重内容翔实，有根有据，防止激励性语言苍白乏力。学生对这种轻而易举就能得到的表扬已习以为常，可能导致学生对问题浅尝辄止或随意应付。

激励要以事实说话，这就要求教师充分掌握学生的可比性材料：学生过去的有关情况和学生在班级或更大范围内所处位置情况。从横向和纵向比较，并艺术性地加以运用，进行有效激励。教师对学生的激励性评价要力求内容客观、公正，无论是表扬还是批评。激励性评价可以从四个方面进行：一是挖掘特定环境中的可比因素；二是与同学对比；三是与教师对比；四是与自身对比。

第二，情感丰富的激励性评价。同样一个“Good”，可能会让人感到有勉强应付的感觉，也可以说得激情满怀，让人感受到发自内心的赞赏：教师的评价对学生的情绪和情感影响很大。情绪和情感是一种内在的动机力量，直接影响学生的学习。因此，教师的评价应该注重情感投入，即用简短、恰当的措辞，热情地给予褒奖。让学生真切地感受到成功的愉悦。教师要用满怀真诚的爱来对待学生、评价学生，这样的评价才会感动学生。尊重学生，营造一种和谐、积极向上的课堂气氛，用富有感染力、发自内心的语言，并用微笑、眼神等无声语言来激励、震撼学生的心灵，为学生增添前进的动力。

第三，适时的激励性评价。激励性的评价应该注意到适时和适度，适时适度的激励性评价起到事半功倍的效果。激励性的评价要适时，按照学生的特点，选择适当的时机进行教育。当学生表现出良好行为取得一定进步时，教师应给予表扬，及时强化。不仅能坚定学生做出正确行动的信念，维护学生的积极性，还能教育其他学生，促进其产生积极向上的心理倾向。

激励性的评价还应适度。当教师在对学生进行激励性评价的时候要掌握好表扬的“度”，讲究表扬的尺度，要因材施教。同样做一件好事，对优等生的激励，只要向他本人点头、微笑即可，用一些眼神表扬；对一贯表现差的“后进生”的激励，应当众称赞；对做了重大好事的学生，表扬要广一些，可由班级扩大到年级、学校。

与此同时，教师还可以根据学生的具体表现，针对性地指出好在哪里，使学生知道自己的长处，增强信心，从而激发其学习动力，保持他们学习的兴趣，充分感受英语学习的快乐。此外，过分的批评与惩罚会挫伤学生自尊心与自信心，但并不代表只能一味地去表扬学生。一味表扬将会使学生对自己没有清醒的、全面的认识，会造成自我感觉良好，自信过头，遇到困难就放弃。

第四，主体多元的激励性评价。新课程的评价强调评价的主体多元化。评价手段多样化，评价过程科学化，评价结果人性化。在英语课堂教学中，教师应该鼓励学生积极参与评价，多开展自评和互评活动。学生主动参与激励评价中，让学生的人格得到充分尊重，学生才乐于接受评价，乐于主动学习。开展评价，教师、学生、家长应多方面参与，以充分发挥不同主体的作用。

第五，立足发展的激励性评价。随着时代的发展和社会的进步，评价不再单纯为选拔与甄别服务，而是为了发挥评价的激励导向功能和自我教育功能，关注学生成长与进步的状况，提出改进计划来促进学生的发展。评价的内容要由重结果转变为重过程，从发展的眼光看问题。要实现激励性评价，体现评价的发展功能，必须以发展为着眼点。关注学生的成长的需要，关注学生的情感和态度，应该用发展的眼光看待学生，让学生在激励中成长，建立健全的人格。

第六，对学生的"错误"也需要激励性评价。人性最深刻的原则就是希望别人对自己加以赏识。所以，当学生在课堂上回答问题犯错误时，要营造民主平等的氛围，避免因回答错误受到批评而产生负面效应。当学生获得成功时，教师千万别忘记与其分享，肯定成功，并让周围的同学一起分享他的成功，使他处于一种被认可的境地，成功感得到尽可能大的满足。这样，学生因看到了老师发自内心的真诚和赏识，而激发自己的自豪感和上进心，从而加深对英语学习的情感。

对待学生课堂、作业和试卷中，特别是在口语中出现的错误，不应简单地用批评质问的办法，而应积极疏导，给予学生更多的鼓励，帮助学生找到出错的原因，让学生学会自觉地纠正某些错误，保护和发展学生学英语的积极性，从而提高学生英语学习成绩。

3. 英语教师的评价用语

（1）启发性课堂评价用语。教师的教学评价用语主要目的是让学生自己学会学习，着重发展学生的思维能力。因此教师的课堂评价用语应该设计一定的启发性，关注每一位学生，给每一位学生一个广阔的思维天地。

（2）赞赏性课堂评价用语。当学生的课堂表现突出时，适当的赞扬可以使学生获得更多的成功的情感体验，从而提高学生的自我效能感，有效促进学生的学习成绩以及个性发展。教师的反馈语以及积极的评价和赏识，都会对学生的情绪产生非常积极的调动作用，使学生深受感动。

（3）鼓励性课堂评价用语。教师的鼓励性话语使学生精神振奋，学习信心高涨。也像一股暖流，让他们感受到教师的温情，满足他们成就感，使课堂气氛更热烈。英语教师语言的激励特征主要表现在对比激励和夸张激励两个方面。教师常在班上倡导比、学、赶、超的学风，比字当头，极富鼓动性，它能使学生心底的激情喷发而出，使一些纷繁难题峰回路转。这种“比”就像一杆路标，激励引导学生朝着目标前进。除了运用对比手法来激励学生外，适当时候，教师还在有意识地用超出客观事实的说法来表达、突出、强调某种思想，从而激励学生在短时间内做出迅速的反应。

（4）思索性课堂评价用语。教师在课堂上的一句话，有时会对教学活动的组织及学生的发展产生积极的作用。反馈与评价在非常和谐轻松的氛围中完成的，其他同学也能怀着良好的心态，专心听讲，积极思考，时刻准备参与课堂活动。

教师通过与学生的交往，婉转地点出学生的缺点和不足，又找出合适的理由为其解除心理压力。因此，教师在教学过程中应多使用鼓励性的评价语，以便为学生营造宽松的学习氛围，为其消除紧张的情绪，使其带着良好的心态专心听课，积极参与，激发学生乐学好学的积极情感，培养起乐于创造的创新精神，使其最大限度地保持英语学习的积极性。

（5）语言要有时代性。语言是文化的载体，语言本身也是文化的一部分。语言和文化都是不断发展变化的。作为英语教师不仅是跨文化的宠儿，也应该站在历史的潮头，凭借对语言的明锐感觉，把握语言发展的风向标，以确保语言的新鲜和地方特色，确保课堂有活水源头和生命活力，不断激发学生学习新知识的兴趣和热情。

（二）教师评价——非语言

非语言艺术是指通过使用不属于语言的方式与手段来交流思想、传递信息的沟通艺术。随着世界各国文化交流的日益普遍，英语课堂教学受到普遍关注，英语教师也极力优化课堂，非语言是英语教师越来越青睐的教学艺术。

1. 组织教学

教师一走向讲台，非语言交际就已经开始。教师有力的步伐会给学生自信而又有活力的感觉；教师整洁、得体的衣着会给学生庄重的印象；放下书本环视全班学生会给学生一种亲切的体验，就像是无声的问候，缩短了师生间的距离；一声饱满而又富有热情的问候会把学生的注意力引向课堂。讲课中，如果发现学生注意力不集中或无精打采，可调整自己的音调，使声音抑扬顿挫、富有感染力或适当地运用手势来吸引学生的注意力。

2. 直观教学

课堂上教师的动作、手势会起到解释和强调作用，使教学内容直观、形象，给学生留下深刻的印象。对英语中动作性强、运用英语解释学生不一定能理解的句子，教师可边说出该句子边运用身体动作或手势，使意思明白、易懂。那些进行形象描述的句子辅之以手势比单纯的语言表达效果要好。当要表示几个种类时，可用一只手从左向右做切割空气状。在口头表示同意时，可双掌向上或向内；相反，如表示不同意时，可双掌向下或向外。在组织学生进行操练时，教师用手指着黑板上的内容或某一实物，会起到明确的指向作用。在操练过程中，教师可辅之以面部表情或点头等对学生的操练情况做出反应，这样做可以调动学生的积极性，或鼓励学生继续做下去而又不打断学生的操练。可用手或手臂要求某一组或某人进行操练；如果要求全班回答或操练可做个双臂合围的手势；举起右臂掌心向外表示要求教室右边的学生操练，举起左臂掌心向外表示要求教室左边的学生操练。这些手势形象、直观地传递信息，学生心领神会，学生配合默契会取得较好的教学效果。

课堂上的走动是形象地表示强调的好方法。在讲台上向旁边走几步可加强停顿或转折之意，向前跨一步可以加强强调的语气。但是课堂上教师的走动要自然，过多的走动会让学生感到疲惫和无所适从。身体姿势的改变可以给学生的理解提供线索，特别是在让学生通过听觉理解整篇课文时最为明显，这种身体姿势的改变可以告诉学生语篇的一部分已经结束，新的一部分已经开始，有利于学生理解。

较大幅度的身体姿势的改变是和较大语言的改变相联系的，如话题的改变。因此，通过协调非语言使之与语言交际同步，通过非语言的直观解释、说明、强调语言信息可以保证信息传递的准确性，促进交际的顺利进行。

3. 情感与态度表达教学

在课堂教学中，非语言表达情感态度要比语言表达常见，如点头、微笑、注视、音调高低等均可以表达情感和态度，而且效果较好，往往于不经意中师生表达并领会了双方的意图。在教学中，教师讲到教学重点时会放慢语速、增高音调，有时会在黑板上写下这一部分，这些非语言表达了教师对这一内容的态度。当学生中出现皱眉头并眯缝起眼睛，表示学生对教师所讲的内容不理解；如果学生打哈欠或向窗外张望，表示学生对教师所讲解的内容不感兴趣。

教师可根据学生发出的非语言信息调整讲课方式，改变教学方法，力求运用生动的语言，深入浅出，使内容明白易懂，吸引学生的注意力。教师提出问题后，如果学生目光注视教师或举手就表明：我能回答这个问题；相反，如果学生躲避教师的目光或低头就表明：这个问题我不会回答或我还没有想好。教师要接受并运用来自学生的非语言信息，可让会回答的学生先回答，留出时间让没有考虑好的同学继续思考。学生回答问题过程中，教师可以点头表示理解或学生回答正确，同时可鼓励学生继续回答下去。当学生回答问题时犹豫或害羞，教师面带微笑的注视可以鼓起学生的勇气。当学生做小动作时，教师可通过目光的定向注视或讲解中的突然停顿提醒学生注意听讲。

语音语调是表情达意的好手段：升调表示疑问和诧异，降调表示肯定和自信，句子重音落在某个词上表示该词是说话者的意思中心。眉毛的上扬常伴随着疑问，眼睛的瞬间睁大和通过重音表示强调的功能相似。可见，非语言在表达情感和态度时往往比语言更淋漓尽致。

第四章　中学英语不同课程教学设计

第一节　中学英语听力课程教学设计

一、中学英语听力课程教学模式设计

（一）“三段式”英语听力课程教学

1.“三段式”英语听力教学阶段

（1）准备阶段。可将英语课堂听力教学的准备阶段步骤分为以下方面：

第一，精心挑选听力材料。根据学生的学习和学生现有的英语水平，合理挑选适当的听力材料，这是准备阶段必做的工作之一。挑选材料时，应注意三个方面：首先，选择从易到难逐步深入的系列材料，从短句到长句，从句子到短文，从短文到现场对话，逐步深入；其次，选择针对性、操作性较强的材料，如挑选接近教材内容的有关英美文化、人文、历史、地理和风俗习惯方面有代表性的材料；最后，选择能结合新教材特点的材料，能结合新教材特点的材料即口语化、语言规范、交际性强的材料。通过此类材料，既能使学生习得实用的交际语言，又能培养学生在真实语境中的应变能力。

第二，仔细准备电教媒体。除了合理挑选听力教学材料外，应充分利用实物和图片、投影、录像、电视等媒体进行听力教学，做到形象直观、生动活泼，有助于学生理解听力材料。

第三，巧妙设计训练方式。听力教学过程中可采用三种形式：首先，填空。培养学生抓关键词的能力，突出句中的关键词，如主语、部分谓语动词、表示时间或地点的名词、否定词、从属连词等。听完录音后，要求学生填空。在训练短文填空时，重点可放在抓关键词上，要求学生边听边填，听完一段后，给学生 8～14 秒钟时间，供其回忆检查，并为第二段听力做好准备。其次，听写。培养学生在无任何文字信息的情况下，直接从录音中获取信息的能力。听写时不必拘泥于拼写或句子的完整，只要记录关键词。听写可以从单词开始，逐步向段落过渡，所选材料的结构应简单明了，词汇通俗易懂。最后，复述。听

完一个句子或一个段落以后，让学生立即复述所获取的信息，旨在要求学生借用原文（句）中的关键词，用自己的话复现原文（句）的意思。

（2）教学阶段。为了将各种准备工作有效地付诸教学实践，可将英语课堂听力教学的步骤分为以下方面：

第一，听力前。听前阶段要发挥教师的主导作用，即教师根据所听材料的难度，提出目标任务；创设情境或运用投影片提问或介绍背景知识，引入新课，引导学生进行想象猜测、推想、联想等思维训练；解释有关词语。

第二，听力中。听时阶段要发挥学生的主观能动性，即要求学生听第一遍时，把握听力材料的整体意思；听第二遍时，捕捉具体信息，记录所听要点；听第三遍时，对问题进行分析、对比、判断。教师要检查学生理解程度。

（3）教学后阶段。听后阶段是回忆、分析、概括等能力训练阶段，要鼓励学生复述大意，讨论深层问题，学生进一步理解所听材料的意义，呈现材料内容，享受听英语的乐趣。在通过听力获取一定的语言信息后，教师可及时总结出材料中所涉及的语言知识、文化背景，并对学生难以接受的、英汉差异较大的一些语言现象予以讲授。在学生对这些语言材料感知的基础上，教师可设置一定的模拟语境，使学生在一定的语境中学得语言知识。教师可通过让学生进一步回答、讨论更深层次的问题（如关于判断说话人的意图，说话人对问题的态度等），来使学生对听过的内容形成更系统、更完整的概念，并适当地在“听”的基础上，把“听”“说”“读”“写”四项技能结合起来，形成综合运用能力。此外，大部分听力材料都是很好的诵读材料，在听之后可以把材料给学生，作为平时的朗读材料，这对促进听力教学也是很有帮助的。

2.“三段式”英语听力教学性质

（1）全体性。全体性能调动全体学生参与，体现素质教育的全体性。三阶段教学模式要求教师根据听力课文的不同类型，以学生的实际情况为备课的基点，精心设计一系列由浅入深，由易到难，形式多样的听力测试练习题，使不同程度的学生都能在教师引导下，激起求知的欲望，从中体验成功的乐趣。

（2）整体性。整体性注重开发学生潜能，体现素质教育的整体性。在听力课教学中，教师注重引导，加大学生课堂思维密度，突出语言交际功能，为学生创设可以相互问答或自由讨论的语言环境，使其语言能力有效地转化为语用能力，始终贯穿着听、说、读、写各方面能力的培养，该模式注重针对不同类型的听力材料，挖掘文章内涵和主旨，寓思想教育于教学之中，促进学生全面发展。

（3）主体性。主体性充分发挥学生的主体作用，体现素质教育的主体性。传统的听力课忽视听前阶段和听后阶段的教学，反复播放录音，穿插讲解部分生词，使学生始终处于被动接受状态。而三阶段模式则截然不同，学生一直处于主体地位，在教师的指导下，学会思考。

（二）中学英语听力课程模式构建

第一，信息技术与英语听力整合。信息技术与英语听力整合有三种可能的方法：首先，将信息技术作为教学要素直接来考虑，称为综合设计；其次，先不考虑信息技术，直接考虑常规教学条件下如何设计一节课的教学，在此基础之上再考虑如何将信息技术进行整合，称为应用设计；最后，假定教学条件能够想到的都能做到来设计一节课的教学过程，称为理想条件下的教学设计。

第二，常规教学条件下的教学设计。应用设计的一般思路是，在不考虑信息技术条件的前提下，思考如何利用传统的教学环境进行教学设计。首先，在充分分析教材和学情的基础上确定教学目标、教学重难点，进而设计教学活动；其次，在完成这样的教学设计之后，再考虑信息技术会对哪些教学环节、教学步骤提供支撑；最后，进行整合点的诊断，形成一节整合教学设计，这种设计的优点是易于操作，教师在考虑整合设计的时候，只需在传统的教学设计基础上，再思考如何寻找整合点；缺点在于受到了传统教学手段的束缚，所诊断的整合点具有局限性。

第三，理想条件下的教学设计。理想条件下整合教学设计的一般思路是：首先，假定教学条件只要能够想到就能够做到，在这样的条件下针对教学重难点的解决考虑教学步骤的安排，再针对诊断出的困难设计解决方案；其次，根据实际的教学条件比较常规教学手段和信息技术手段的优劣；最后，确定出整合点，形成整合教学设计，这种设计的优势就在于拓宽了设计的思路，使之不再受常规教学条件的限制，为信息技术最大限度地发挥作用提供了可能。

二、中学英语听力课程教学方法设计

新课程标准要求教师培养学生的学习兴趣，树立学习的信心，养成良好的学习习惯，加强学生的主观能动性，以学生为本，促进中学英语听力的教学改革。英语的听力技能是一个综合技能，包括学生的理解能力，概括能力，逻辑思维能力以及语言交际能力。中学英语教师要认真研究听力教学的方法，探讨以学生为本的听力教学模式，提高学生的听力水平和教学效果。

（一）英语听力课程教学的一般方法

现代社会是信息社会，想取得好的学习效果，必须要有一定的学习策略，具备终身学习的能力。因此，中学英语教师需要对学生进行策略的训练，通过教师的教学，结合学生自身的情况，让学生找到适合自己的学习策略，提高学习效果。

1. 培养听力语感

英语作为一门语言，需要在学习当中做好听说读写的学习工作，形成良好的学习习惯，对于声调的高低，语句的正确含义，需要有一种敏锐的感觉，学习英语是习惯与感觉的结合。语感是英语学习的核心，语感的强弱可以判断教学的效果好坏。英语听力主要是分析语音和语句，如果不能快速识别语音就不能理解内容，因此，语感是一个长期的任务。在英语的听力学习中，学生难以达到立刻听懂文章所有的内容，但是把握大意是可以做到的。在训练语感时，学生需要接触足够多的口语材料，配合适当的练习，从而适应英语的节奏，把握句子的起伏。

2. 训练听力技巧

在教学中教师应指导学生做到以下方面：第一，听前抓紧时间快速浏览题目及选项，捕捉信息，同时预测内容；第二，特别注意文章开头和结尾的句子，捕捉主题句、关键词；第三，边听边作笔录，抓主要内容和主要思想，尤其是一些数字、人名、地名；第四，把所听到的材料与相关的语境联系起来，通过对比分析达到理解的目的。此外，教师应提醒学生注意力不要放在单词上，而应从以词句为中心转移到以语篇为中心，提高学生在语篇层次上的理解能力。

3. 挑选听力材料

教师应根据听力目的对内容进行分级分类，要给初学者或在初始阶段使用那些语速较慢、声音非常清晰的、较易的听力材料，提供辨音和理解的延缓时间与机会，这种过渡往往是必要的和有效的，从而打好基础，在语音和意义间建立准确、牢固的联系。教师应使接触较真实、清晰和快速的相关材料，把握材料的量，精听的材料宜少而典型，泛听的材料则宜多而通俗。

（二）英语听力课程教学的具体方法

1. 听说结合

听力的真正突破是以口语的突破为基础。学习语言和其他学科相比，环境更加重要，学语言需要有可供学习者反复磨炼的语言环境，无论是听还是说都需要有一个交流的对象，教师应有意识地给学生营造语言环境，鼓励学生平时积极参加一些用英语交流的活动，如英语报告、英语角等，将知识实际地运用起来。教师可以指导学生每天进行大量说的练习，充分调动学生的参与意识，鼓励学生勇敢地去听、去说、去交流，把学生带入语言运用的最前沿。要做到发音纯正、用法地道，首先，教师应给学生选择合适的听力材料，让学生模仿养成良好的英语习惯；其次，学会时刻有意识地收集地道的句子，在恰当的时候举一反三，活学活用，从而完成知识的彻底内化。

2. 语言基本功练习

由于书面语言与口头语言的不同，旨在用于阅读的文字材料不适合用于作听力材料。听力材料应该尽量包括许多不同的本族语者的声音和各种讲话风格，使学生能够适应实际生活中的话语。提高听力水平主要包含以下方面：第一，语音知识，即音素的发音弱化连读及音变、节奏、语调等现象；第二，词汇知识，对分类、词素、构词规则、习语、短语的了解；第三，句法知识，对句子结构、转换规则的了解；第四，语义知识，即语义特征“歧义、反义”等语言的预示、指示及语言相关环境的了解及掌握。

3. 听力教学计划制定

教师应根据写实的实际状况来制订听力教学计划。可以让学生结合自己目前的听力水平进行自我评估。

(1) 优秀——能听懂英语广播、电视节目和主题广泛、题材较为熟悉、语速正常的谈话，掌握中心大意，抓住要点和主要信息；能基本听懂用英语讲授的专业课程、英语讲座和与工作相关的演讲、会谈等；能恰当地运用听力技巧。

(2) 良好——能听懂一般日常英语谈话和公告；能基本听懂篇幅较长、语速中等的英语广播、电视节目和其他音、视频材料，掌握中心大意，抓住要点和相关细节；能基本听懂用英语讲授的专业课程或与未来工作岗位、工作任务、产品等相关的口头介绍；能较好地运用听力技巧。

(3) 及格——能听懂就日常话题展开的简单英语交谈；能基本听懂语速较慢的音、视频材料和题材熟悉的讲座，掌握中心大意，抓住要点；能听懂用英语讲授的相应级别的英语课程；能听懂与工作岗位相关的常用指令、操作说明等；能运用基本的听力技巧。

教师可以根据学生的自我评估制订相应的学习计划，计划应包括以下方面：

What——明确在一定时间段内要听哪些材料；

When——明确如何对各类材料进行时间上的分配；

Where——要考虑到在哪些环境中做练习效果最佳；

How——安排好哪些材料“精听”、哪些材料“泛听”；哪些需要记笔记而哪些只需随身听；

Why——及时反馈自己所学的成效如何，如记录当天的计划完成情况用以调整认识和完善计划的安排。

4. 听力技巧指导

影响学生听力理解的因素通常包括：一方面，知识性障碍，如对语音、语法知识掌握得不够，对词汇不熟悉，跟不上语速，对英语国家的文化背景知识不了解等；另一方面，非知识性障碍，如教学设备的质量问题和教师使用这些设备的熟练程度、教学气氛、学生的情感因素及听力理解的技能等。教师应指导学生做到：首先，保持良好的心态，集中精神，沉着不乱，选择及检查时都应有信心，不要轻易改变第一选择；其次，熟悉听力题型了解测试重点，常见的题型有，根据问话情景选择答语、听对话选择答语、听短文选择答语或判断正误等，其中听短文是学生普遍感到困难的题型；再次，利用答题开始前的指令时间，快速浏览选项，确定听音的重点并注意暗示重点的信号词 though、however、but、so 等后面的句子，要抓住第一句话，因为它往往对整篇文章有概括或提示的作用；最后，善于利用字母、数字等一些记号来提高记忆效果，尤其是记住对话或短文中的年月日、年龄、价格、数字等。

5. 听力教学设备优化

现代多媒体设备在英语听力教学中的一个最重要的特点就是优化了教学设备，使得教师的教学手段变得更加丰富。中学英语听力教学不仅要提高学生们的听力成绩，通过听力教学来培养学生们的英语语感，从而提高他们在口语表达、文章理解、表达技巧等方面的综合能力，在进行英语听力教学前，教师要找出听力原文中的一些重难点词汇，然后通过多媒体设备将这些词汇的用法与意义形象化地表现出来，让学生能通过这样生动的教学方式来深刻理解这些词汇的含义，从而为提高英语听力教学质量打下基础。

6. 听力教学氛围营造

教师在中学英语听力教学中要改变以往传统的教学方式，课堂不能是只有教师在课堂上授课，教师要利用多媒体设备来活跃课堂气氛，给学生营造一个轻松、愉快的学习氛围，这是保证课堂质量的关键，教师可以在进行听力教学时，在学生都掌握听力原文所表达的意思以后，让学生进行听力内容的对话，通过模拟听力中的实际场景来让学生更深刻地体会教学内容，这样学生在接下来的教学内容学习中会感到更加轻松，不仅能提高他们对听力内容的理解，还能提高他们的口语表达能力和团结合作意识，更能在轻松、愉快的学习氛围中提高英语学习的积极主动性。

7. **听力教学资源选择**

多媒体设备在教学课堂中的应用还可以通过丰富课堂教学资料来实现对教学质量的提高，多媒体技术可以将图像、文字、声音等内容有机地结合在一起，将教学内容以一种生动、形象、具体的形式表现出来，所以教师可以借助多媒体设备来丰富课堂内容。例如，教师在讲到 *How do you make a banana milk shake*（《如何制作香蕉奶昔》）时，通过多媒体来向学生具体地展示香蕉奶昔的制作过程，这样，学生在实际的制作场景中可以更轻松地理解和掌握教学内容，对学生再进行听力内容的训练时，学生结合自己脑海中的制作场景可以直观地理解听力内容，学生通过视觉和听觉的完美结合，教学效果自然比以前更高。

第二节　中学英语口语课程教学设计

一、中学英语口语课外教学活动

（一）课外教学活动分析

中学英语课程的总目标是增强学生的语言及学习技能、文化以及思维品格等核心素养。因此，为了进一步帮助学生增强英语交际技能、提升英语口语学习能力、发展英语交际思维品质以及交际素养，主要从活动内容、形式、主体以及评价四个方面阐述针对中学英语口语课外学习活动的设计策略，以期为中学英语教师在英语口语课外学习活动设计上提供参考性的举措。

1. **活动内容**

中学英语课程兼具工具及人文性，注重学生对语言学习的实践和应用。工具性是语言课程的主要特征，着眼于学生综合实践技能的培养。因此，中学英语口语课外学习活动内容在紧扣活动目标的同时，要贴近学生的社会实践，让学生在活动中体会英语课程与社会的联系，在社会实践中使用英语知识，提升文化品格，增强语言综合技能。

（1）整合跨学科知识。中学英语课程承担着促进学生人文素养全面发展的重要任务，不仅要发展学生的文化以及思维品格，还要培养学生的语言及学习技能。中学英语口语课外学习活动内容不能只聚焦英语学科知识与技能的巩固、强化，应注意整合其他学科知识，让基础较为薄弱的学生在学科整合的活动中，增强学习动机，强化综合素养。

教师应加强学生的英语口语学习与其他学科知识的融合，引导学生在真实的社会情境中，积极地利用其他学科知识，更好地了解社会现象以及文化知识，提升语言实践技能。第一，教师可以拓展英语口语学习和实践的领域，如经典音乐作品的欣赏以及英文表演节目的展示等，来丰富语言实践的活动内容，加强学生对跨学科知识的学习；第二，教师可设计社会化的活动内容，学习者只有在真实、社会化的情境中才能锻炼语言运用能力；第三，教师可通过引导学习者登录国内外大型英语学习网站，这些网站涵盖与各学科相关的英语话题，学生可根据自身需要和个性化特征，与其他学习者进行交流，能够帮助学生深化文化意识，增强英语表达技能；第四，教师可把各学科知识进行整合并制作成教学课件以及视频，上传到班级微信群，能够帮助学生加强英语口语知识以及口语技能的巩固，提升语言学习以及实践技能。

（2）运用英语网络资源。中学英语口语课外学习活动内容直接影响到学生对活动本身的主动参与性，关系到学生综合实践技能的发展。教师在对中学英语口语课外学习活动内容进行设计时，要从不同学生的学习需求出发，发挥多媒体的直观化、便利化以及大信息量等特点，选择可以增强学生自主性，发展其听说技能的活动资源。

第一，教师可以鼓励学生积极使用移动设备下载各种各样的口语学习类 App，如 VOA（美国之音）以及英语流利说等，在一定程度上能够满足不同英语水平的学生的需求，帮助丰富学习内容，增强学习主动性，提升英语学习及交际技能；

第二，教师可通过引导学生登录英语学习网站，这些网站涵盖英语资讯、体育运动、休闲娱乐以及风景名胜等重要英语话题，学生可根据自身需求和学习水平，通过微信以及腾讯 QQ 等网络媒介，与教师或学生就学习方面的问题进行沟通与交流，拓展学生的专业视野，促进其英语表达技能的增强；

第三，教师也可把重要的知识点制作成教学课件，上传到班级 QQ 群，引导学生积极自主进行移动式学习，这在一定程度上能够帮助学生拓展课堂知识，加强英语口语知识以及交际技能的巩固，提升其英语表达及沟通能力。

2. 活动形式

灵活多样化的活动形式是构成中学英语口语课外学习活动的重要内容，有助于强化和拓展学生的英语口语基础知识和技能，提升学生的自主及综合技能。

（1）自主型活动。自主型活动强调学生在活动中的主导地位。教师在对活动进行设计时，要以学生为中心，从活动的内容以及形式等方面来增强学生的自主学习以及语言技能，强化学生的英语核心素养。不同的学生在中学英语核心素养的四个方面发展程度是不一样的，部分学生的语言运用能力很强，但是逻辑思维能力较弱，要求教师在设计英语口语课外学习活动时，要把握好学生英语核心素养四个方面发展的特点，分析四个方面发展的强弱程度，结合学生自身的特长和优点，设计不同难易程度、不同类型、不同侧重点的英语口语课外学习活动，以满足具有不同个性特征的学生需求。教师可以通过对学生的学习情况进行具体分析的前提下，积极为学生创设自主型活动，如模仿对话以及配音等，这能够提高学生学习自主性，发展学生的综合实践技能。教师在设计自主型活动内容的过程中，以满足不同英语核心素养层次水平的学生的学习需要出发，设计出资源丰富的英语口语学习活动内容，引导学生根据自身的实际水平来选取材料以及调整学习进度，这在一定程度上可帮助学生增强综合实践技能。

（2）实践型活动。学科核心素养理念倡导教师积极构建社会实践活动，来加强对学生主动学习以及综合实践技能的培养，提升学生分析以及解决问题的技能。实践型活动为学生提供语言实践的平台及渠道，帮助学生强化学习主动性，发展文化品格，提升语言综合能力。教师为学生创设大量语言实践和操练的平台，能够帮助学生通过语言感受不同文化的独特魅力，让学生更好地在真实和生活化的情境中理解以及感知社会现象和文化知识，提升文化品格。通过运用网络技术，整合跨学科知识，能够帮助学生拓宽以及丰富英语实践平台，如口语语言表达的实践活动、合作收集语言相关知识活动、话剧等舞台表演类活动等，以此来促进学生各项技能的综合性发展。也可根据学生的需求设计生活化活动，学生只有在生活化的语境下才能锻炼综合实践技能。生活化的语言情境不仅能强化学生的学习主动性，而且能够加强学生对社会文化知识的理解，深化文化意识及品格。学生的英语学习离不开教师关于真实语言情境的创设，传统的语言实践大多是以教师为主导，缺乏真实以及趣味化的语言情景，此类活动以学生为中心，引导学生在丰富多彩的活动中，体会语言的魅力，逐渐提高学生在实际运用语言中，提升自身的语言综合技能。

（3）合作型活动。合作型活动结合了中学生发展的心理特征，有助于学生在互动的过程针对小组中出现的问题或困惑相互讨论，增强学生的表达及综合实践技能。教师在设计互助合作型活动时，要注重活动主体的交流与合作，确保活动开展的有效性。合作型活动具有一定的灵活及开放性特征，强调学生采取分工协作的方式，来搜集材料，并对其中出现的问题进行探讨，从而有效地完成学习任务，这在一定程度上能够强化学生的协作及表达技能。小组活动强调学生围绕英语口语学习内容，通过合作的方式，对问题解决型策略进行探讨，增强学生自身的表达技能。但在构建小组合作的过程中，教师需要根据各个学生的个性特征，将具有不同学习特点的学生分配到不同的小组，这在一定程度上能够帮助小组成员相互取长补短，以此来强化自身的综合素养。小组合作型的活动，既能提升学生的表达及交际技能，也能深化学生的合作意识，增强学生的协作能力。教师与学生合作的阶段中，要以学生为主体，积极引导学生就相关问题表达自己的观点，来促进学生共同参与，增强其主动思考以及协作的技能。教师可积极创设同伴合作英语表演、英语角以及英语歌唱小组等活动，这类活动可让同伴或者朋友之间自由结合，通过协作的方式完成，这能发展学生的表达技能，强化活动开展的有效性。

（4）竞争型活动。竞争型活动结合了学生积极向上的心理特征，能够帮助学生在发现问题的过程中，引导他们积极主动地思考并学会理性地分析问题，锻炼他们的逻辑以及批判思维技能。教师为学生创设各种形式的竞赛型活动，能够增强学生学习的主动性，强化他们的语言技能。教师可设计英语朗读比赛、辩论、英语演讲比赛以及歌咏比赛来提高学生使用外语的能力，通过自主探究的活动方式，让学生模仿同一段课文录音，看谁的语音、语调好，这能够让学生成为活动的主导因素，帮助他们务实技能知识，发展语言表达技能。同时，教师也可以引导学生以小组形式，就日常生活或与学习相关的话题，设计辩论活动，小组辩论可以把交际的语言置于一个相对真实的语境中进行，有利于促进学生在非正式场合中，就广泛的话题展开充分、有效的讨论，培养其在一定语境中的口头语言表达能力和应变能力。

3. 活动主体

中学英语口语课外学习活动要注重活动主体的交互性，加强学生与教师、学校以及家长的及时交流与互动，增强学生的交际以及语言综合技能。

（1）培养学生的课外合作意识。学生作为中学英语口语课外学习活动的主体，与学生的合作以及交互程度直接关系到活动建设的成败。教师加强对学生课外合作意识的深化，在一定程度上能促进学生表达及综合实践技能的增强。师生之间的相互沟通与交流是强化学生表达技能的重要手段，教师在英语口语课外学习活动中应及时了解学生的学习情况，积极引导他们科学合理地解决学习中出现的问题，能强化学生的表达技能，优化思维品质。教师加强对英语核心问题的提炼，是进行英语口语探究性学习设计的重要途径，在对相关核心问题进行提炼后，要逐步地将其细分为若干问题，以此来引导学生积极参与口语探究活动，让学生在问题探究中形成属于自己的理解，教师适当引导学生，就相关口语学习问题进行交流，以此来提升学生的学习技能。教师围绕核心问题引导学生开展自主探究和小组合作活动，并以小组合作的方式来引导学生进行口语学习，促进生生之间的互动，强化学生的学习自主性，小组成员之间相互学习，进行互动分享，能够促进学生在英语口语课外学习活动中务实英语知识和技能，强化主动学习技能。通过创设情境表演活动，将重要的语言知识点设计成一个片段化的情景剧，发展学生的表达以及学习技能。

（2）构建教师对移动学习共同体的意识。中学英语口语课外学习活动主体的交流和互动，是影响活动有效开展的关键因素，教师要充分发挥移动互联网交互性的特点，创设真实的移动学习共同体的实践活动，加强活动成员的交往与沟通。教师应合理运用移动技术，优化学习资源，创设网络交际渠道，从而实现移动学习共同体的实践活动的构建。移动学习共同体是指通过使用手机和平板电脑等移动设备，为移动学习共同体中的师生和生生之间建立起一个关系网络，促进其合作学习关系的形成。通过建立班级微信、腾讯 QQ 群，师生通过群聊的方式就社会热点话题进行讨论，通过知识竞答、辩论等多种方式，利用语音聊天交流互动，移动共同体中的成员就可以围绕共同的主题内容，相互讨论，并发表不同的见解，这在一定程度上有利于优化学生的表达方式以及表达技巧，提升其协商及交际能力。此外，移动学习共同体的引导者大多是由专业教师以及专家来充当。活动组织管理者应不断增强自身综合技能，建立科学合理的活动规则及评估机制，及时评估学生的学习成果，同时能引导学生积极进行自评及互评，以此来强化学生的学习动机，提高学习共同体的交互性。

4. 活动评价

中学英语口语课外学习活动评价设计要秉持评估主体、标准及内容多元性的原则，以教师、学生以及家长为评价主体，从学习者参加课外活动的态度、知识、思维与能力等维度着手，多方面评估学习者的英语口语课外学习能力，这能够强化学生的语言实践技能。

（1）活动评价主体的多元化。中学英语口语课外学习活动评估要尊重学生的主体地位，引导学生积极进行自我评估，同时，也要引导同伴以及家长等积极参与到评估活动中，实现评估主体的多样化。活动评价作为中学英语口语课外学习活动过程中的一部分，教师不仅要重视学生的主体参与，而且也要注重评价主体的多元化。

第一，教师要重视学生的自评。在中学英语口语课外学习活动评价体系中，教师要帮助学生树立活动评价的主人翁意识，提升学生的自主评价能力。

第二，教师要重视生生以及师生之间的互评。核心素养理念强调以合作为主的学习形式，在进行中学英语口语课外学习活动评估时，教师也可以采取生生以及师生之间的互评，让师生通过以合作的方式对活动评价标准进行探讨，明确学生在学习方面的不足。中学英语口语课外学习活动主要包括合作型以及竞争型活动，这类活动的完成需要发挥学生的创造性思维，需要教师引导学生就各自的学习成效进行互评，这既可以帮助学生在互评的过程中发现并指出他人在学习过程中的不足，促进学生对相关问题的理解，以此来强化学生的主体意识，提升综合实践技能。

第三，教师要积极引导家长对学生的学习进行评价。在学习活动过程中，越来越多的家长逐渐开始关注学生的学习效果，而教师一人又无法及时地对每个学生进行评价，这就需要积极引导家长参与学生的评价活动，及时地对学生的口语学习活动情况进行评估。

（2）活动评价标准的多样化。教师在进行中学英语口语课外学习活动评价时，要采取多样化的评价标准，在保证公平的基础上，尽可能增强学生在活动评估中的成就感，发展学生的自主学习技能。中学英语口语课外学习活动评价标准是否合理，直接关系到学生对活动本身兴趣以及自身思维品质的提升。教师可以活动信息收集的方式，通过学生的学习活动行为记录表来记录学生在活动中的学习状态，如学生是否愿意主动参与英语口语学习活动，对学习英语口语的兴趣如何等，能够充分展示学生学习知识和技能的过程及结果，加强教师更好地对学生的活动学习情况以及本设计的活动效果进行了解，促进学生针对学习活动过程中的不足进行反思，从而实现其英语交际能力及思维品质提升的目的。此外，教师也可采取学生互评的方式，对学生的口语学习进行效果后测。效果后测并不是以分数为评价标准，而是以学生在活动过程中显现出的思维及表达技能为评价标准，这种评价标准能让学生感受到积极参与活动过程的重要性，强化他们的综合实践技能，切合了课程标准的理念。

（3）活动评价手段的多元化。教师要结合终结性评价与形成性评价的方式，秉持电子学习档案袋的评估手段，强化学生的交际以及综合实践技能。中学英语口语课外学习活动评价方式是否合理，直接关系到学生对活动本身兴趣以及对自身英语能力的正确认识。教师要充分利用网络资源，在网络学习空间中，通过建立电子学习档案、数据库等形式，统计学生的学习记录、活动学习成果，对师生以及生生就学习问题所探讨的效果进行记载，并对这些数据进行数字化处理和可视化分析，能够充分展示学生学习知识和技能的过程及结果，帮助教师更好地了解学生的活动学习情况，促进学生针对学习过程中的不足进行完善，从而实现其英语交际能力及综合能力提升的目的。与此同时，教师也可通过以学生以及其他活动成员为评价主体，以学习者发言的主动性、身临动态实践情境的学习态度、思维以及解决问题能力的表现以及其对学习同伴，乃至整个移动学习共同体的发展所做的贡献为评价内容，设计评价量规，进行终结性评价，在一定程度上能够促进评价主体以及内容的多元化，充分发挥活动在线评价对学生的教育发展功能，帮助学生明确自己的优势和局限，全面了解自身的交际技能。

（二）课外教学活动反思

1. 培养复合型人才

强化学生的综合实践素养是中学英语口语课外学习活动设计的主要目标。中学英语口语课外学习活动的内容选择、实施方法都应注重学生综合素养的发展，强化学生的实践技能，从而有利于增强学生的英语核心素养。教师在设计活动内容时，要关注学生英语口语的基础水平，设计出资源丰富的英语口语学习活动内容，这在一定程度上可帮助学生根据自身的英语口语能力来对自己的学习进度进行调整，选取符合自身学习特点的英语口语学习材料，以此来增强自身的综合实践技能。此外，对于中学生而言，学生在英语口语学习方面缺乏一定的自我约束力，完成英语口语课外学习活动的能力有待提高，需要教师以口头陈述或书面提醒的方式，为学生明确活动步骤和基本要求，引导学生积极地参与到英语口语课外学习活动过程中，这在某种程度上能够帮助学生促进自身英语表达以及自主学习技能的提升。

2. 提高口语实践能力

在中学英语口语课外学习活动的设计上，教师根据学生的生活经验来设计活动内容及形式，能帮助学生强化英语学习动机，增强语言实践技能。中学英语口语课外学习活动具有灵活及创造性特征。教师在加强英语口语课外学习活动的设计时，有以下方面需要注意：

（1）要从学生的年龄以及认知特点出发，并结合语言表达的多样性和趣味性，设计出富有创意的，具有想象力的，贴近现实生活与时代的活动内容，使之成为形式多样，有吸引力的言语实践活动。

（2）英语口语课外学习活动内容的多元化，是帮助学生强化学习动机，发展核心素养的关键因素，教师要加强既贴近生活又具有情景化的英语口语课外学习活动内容的设计，设计的中学英语口语课外学习活动所涉及的主题要能与学生生活中相关话题相结合，这样才能加强学生对所学内容的理解和掌握。

（3）教师也要加强活动情景的创设，活动情景注重对学生英语口语技能的培养，主要强调英语口语课外学习活动的实践及交际性，来优化学生语言思维。

因此，教师在引导学生加强英语口语技能的训练时，要利用不同语言的实践性，构建真实的语言情景，为他们提供大量的技能实践的机会，以此来增强他们的综合应用技能。

3. 结合时代发展需要

教师要充分利用互联网的优势，借助目前移动设备中推出的如微信、腾讯 QQ、微博等带有文字编辑、拍照、录音和视频功能的 App，创新中学英语口语课外学习活动形式。教师可登录微信、QQ 等网络交际平台，创设班级群，利用其语音及视频通话功能，以小组形式，就日常生活或与学习相关的话题，设计网上对话活动，网上对话可以把交际的语言置于一个相对具体的交际情境中进行交际，有利于促进学生在非正式场合中，就广泛的话题展开充分、有效的讨论，培养其在一定语境中的口头语言表达能力和应变能力。除网上对话活动外，教师也可组织学生登录并积极参与国内外网上英语论坛或聊天室等真实语言输出活动，促进学生深入了解社会热点问题或专业领域内熟悉的话题，使学生能根据他人的社会文化背景，自如有效地调整表达内容和方式，与他人展开讨论，并发表有一定深度的个人见解。同时，教师也可以以微信群为平台开展移动英语角，并在其中充当话题组织者和发起者的角色，学生可以凭借移动设备参与活动。在微信群中，英语是唯一的交际语言，学生可以用文字和语音进行互动和交流，支持学生用语音进行交际，在一定程度上可以促进学生积极使用英语进行表达和交流，师生相互学习、彼此促进，强化学生的语言实践技能。

二、中学英语口语拓展性课堂教学

（一）拓展性课堂教学特征

英语学习应该是学习者在教师的帮助下获取信息、发展技能、创新思维、培养个性与开阔视野的过程，提升学习者的综合素养，促进学习者的全面发展，中学英语口语拓展性教学设计与实施具有以下特征：

1. 主体性特征

主体性的核心是“学生自觉学习，在活动中发展”。中学英语新课程标准中强调，在英语教学活动中，学生是以主人翁的地位出现在学习过程里，教师面对的是全体学生，在课堂教学中应该注意考虑学生的差异性并给予充分的理解和尊重，因材施教，开发趣味活动诱发学生积极主动地去练习。教育的教学活动一切为了学生发展，要发挥学生的主体性，对自己认识的客体具有能动性，是在主动地同客体交往的过程中，取得正确认识，促进自身的成长。在中学英语口语拓展性课堂教学中，学生不再单纯地进行口语句型的操作练习，而是通过自身体验、交流、合作、探究的方式练习语言。每个学生的发展水平都存在着个体的差异性，在口语教学中，教师不仅要设计有意义的情境，要突出自主性和活动性而且以学生为本，使每个学生的潜能发挥到最大化。

2. 开放性特征

为了实现英语口语课堂教学、学生学习过程和内容的多样化，给学生创设良好的口语学习氛围，诱发学生的内在动力，满足他们语言学习发展的需要，使得英语口语课堂不再枯燥乏味，培养良好的语言运用能力，中学英语口语拓展性课堂教学就需要形成一种开放灵活性的教学格局。

（1）英语口语拓展性教学的内容要开放灵活。时代发展到今天，仅靠课本教材里有限的教学材料无法适应当代学生学习的心理需求，就需要教师以文本为依托，拓展口语教学内容的开放灵活性。

（2）英语口语拓展性教学的环境要开放灵活。教师应在口语教学的课堂上常常创设情境，安排多种多样的口语实践活动，组织学生参与进行个性化的口语练习，需要有一个开放灵活性的英语课堂环境。

在课堂上，师生共同参与，每位学生自信表达，畅所欲言，在相互交谈、辩论中感受英语，体验英语、学习英语。

3. 趣味性特征

中学英语口语拓展性课堂教学的重点是能够把学习者进行的各种日常活动使用语言交流，把学习和在实际生活中应用到的语言相融合。因此，为保证学生对英语口语活动的积极性，教师在选题过程中应该注重挖掘能激起学生参与兴趣的活动，良好的英语口语学习环境至关重要。兴趣是主动练习英语口语的关键，是诱发学生积极学习口语的内在动力，在学生学习活动中具有导向情感、保持注意力等作用，而且还推动着教师课堂教学的整个进程。学生有了主动学习的兴趣，就有了自觉提高英语口语能力的内在动机。例如，在口语教学过程中设计演讲比赛、演话剧等富有生活情趣的任务型活动，以调动学生活动的积极性。

4. 多样性特征

要想使教学达到理想的效果，复杂的教学情境决定了教学不可能也不应该采取整齐划一的固定模式，这就要求教师依据课堂实际随时作出教学转变或调整。而且只有课堂教学形式多样化，才能吸引学习者的精神及参与度。英语口语课具有实践性、交际性的特点，教师作为课堂教学的主导者要为学生创造多样化的练习机会，公平公正地对待每一位学生，确保每位学生在明确教师任务，讲解要领和注意要求等的情况下，通过多样化的练习方式参与课堂使学生得到锻炼，运用语言的能力获得提升。因此，在中学英语口语拓展性课堂教学中，应该结合英语口语学科知识特点与场地、时间、学生已有知识技能等多方面因素，选择不同教学方式设计不同情境。例如比赛、表演、辩论、完成任务等。

5. 创造性特征

发展学生的创新精神是英语口语拓展性教学的重要功能之一，未来社会需要有创造性能力的学习者。因此，在中学英语口语拓展性课堂教学中，教师需要在课堂教学中引导学生开放思维空间，摆脱思维定式，鼓励学生创造性地思考分析问题。在布置任务时，开放其形式，给学生多留些想象空间及余地，让学生在运用英语时也提高他们用英语进行提取信息、分析和处理问题的能力。

（二）拓展性课堂教学实施

1. 拓展性课堂教学目标

《普通中学英语课程标准（2022 年版）》是教师进行活动设计的一个驱动力，监督着整个口语拓展性教学的过程，教师应认真学习新课标，遵循英语口语教学的规律，使自身的教学发展顺应时代发展的变化，紧跟英语教学变革的时代潮流。需要注意的是，教师必须对口语拓展性教学的教学目标的引领性、科学性、时代性、变化性和层次性等特点有清晰明确的认识，并依据科学明确的教学目标开展英语口语拓展性教学。

（1）由单一静态转为三维动态。一切的拓展都要有清楚的教学目的，全部的拓展包括师生的交互活动也不能脱离教学目标，都要为实现教学目标而服务。英语教师在确立口语教学目标时，不仅要教会学生某些英语语言知识，还要考虑到整个口语教学过程里选择使用的教学策略、教学活动的设计等，以及对学生学情的分析和对他们情感态度价值观的考量，关注他们在英语口语学习过程中一个动态的发展。此外，每个学生对语言学习的接受能力不一样，如在口语表达知识与能力目标上，在教学后部分学生需要流利顺畅地表达出个人见解，部分学生只作模仿句型的造句即可。所有具体教学目标的设置都要首先对学生的学情进行分析，要符合当下学生所接受的范围，拓展时不可过于超出他们的能力。

（2）由单元模糊性转为课时具体性。在深入钻研领悟新课标有关口语层面描述的基础上，学校应对英语口语教学的目标作出科学规定，并明确每一年级，每一阶段具体的口语教学目标，并说明结合各地实际情况可做相应调整。以实现英语教学的中心结构，提高学生的口语交际能力为中心目标，具体突出口语教学的指向性。英语口语教学不可能一蹴而就，它是一项长期艰苦的任务，需要持之以恒的耐心和毅力，对教师和学生都是一种挑战。因此，具体到每节的口语课上都应该确立明确、具体、适中、可检验的目标，有针对性地进行口语教学。

第一，教学设计说明。教师应具体分析本班学生的情况，在学习本单元之前，学生已经积累了一些有关圣诞节的单词，如 Christmas tree，Christmas carols，Christmas pudding，Christmas stockings，presents 等背景信息，并能够用一些简单的词汇把节日描述出来。

第二，单元教学任务分析。例如，在以 celebration 为教学主题时，教师应要求学生学习大量有关庆祝的单词、句型、对话和文章。由于 celebrate，Christmas eve，present，ballons 等单词学生已经熟悉，还有基本的描述性句型和使役动词，大部分学生也都已掌握。因此，教师在设计口语拓展性课堂教学内容时，要依据本单元的主题进行充分的拓展，将教学重点关注到重点动词的用法及语段的描述，如 to practice celebrations with do，have，play 和 to talk about childhood memories，通过循序渐进的教学活动，逐步培养学生综合语言运用能力。

第三，单元教学目标。基于学生已经掌握的语言知识和语言技能基础，依据学生的实际生活经验和基本常识，期望学生通过这一内容的学习，能够熟练掌握庆祝类的单词，能够灵活运用这些词汇描述庆祝类的活动，表达祝愿与祝贺；能根据所设情景，运用功能用语，用英语提出建议；表达惊异，请求对方重复；能用英语大致说明国内的重要节假日。

第四，课时教学目标。

例如，话题：圣诞节的回忆（阅读）。

词汇：snowman，Father Christmas，Christmas tree，presents，balloon，Christmas stocking，decorations，calendar，carol service，pudding，turkey，Christmas cake，stay awake，put up，carry on。

策略：用一些图画、flash 动画等猜测话题内容，运用相关阅读技能总结全文大意。

教学目标：

a. Build up an area of vocabulary related to Christmas.

b. Read and understand a passage about memories of Christmas.

c. Develop reading strategies to answer multiple-choice questions.

d. Talk about their childhood memories of an important festival.

e. Know about and respect the different cultures in foreign countries.

第五，教学重、难点。

1）Words and expressions：snowman，Father Christmas，Christmas tree，presents，balloons，Christmas stockings，decorations，calendar，carol service，pudding，turkey，Christmas cake，stay awake，put up，carry on.

2）Sentence patterns：

a. We tried to stay awake as long as possible to see Father Christmas.

b. After lunch，the adults slept on the sofas in front of the Queen's speech on television.

3）Get the students to acquire the skill of doing the multiple-choice exercise.

4）Let the students know about and respect the different cultures in foreign countries.

2. 拓展性课堂教学内容

教学内容是指为落实教学目标，根据教学计划、大纲和教材所指示学生需要掌握的，能够培养学习者的三维目标的总和。英语口语教学内容对教师进行英语口语拓展性教学起着基础性的作用，从根本上关系着课堂教学是否有效。教材作为教学内容的基本成分，只是构成它的其中一个“载体”，而在实际中发挥重要作用的教学内容，其载体不只是课本的内容。当下在新课程改革大时代背景和生成性教学思维理念的影响下，人们对教学内容也有了全新的领悟，教学内容是教师和学生按照课程标准，对教材内容与教学客观实际情况综合考量之后的加工。一方面，教师以学生为主体选择取舍教材内容，充分合理地利用教材；另一方面，教师要对教材内容进行考虑学生实际的加工，充分合理地拓展教材。教学内容除了教材内容外，还包含了对学生学习的方向性引导、科学人生观、世界观、价值观的养成，其实它是师生在教学过程中的一切活动。因此，教师在设计英语口语拓展性课堂教学内容时，应该认真研究课程标准、教材，合理地选择、组织和安排教学内容以及适当地表达或呈现，教学内容的成功确定直接关系着教学计划的制订以及教育目标的实现。

英语口语拓展性课堂教学的内容要坚持语言知识和文化教学的融合，它所要展示给学生的不仅仅是英语的语音、句型功能和话题等这些语言知识结构，还应当包括文化意识、情感思维等。开放的英语口语教学内容不但是实际教学时教材文本等显性知识的呈现，也是教学过程中教师情感态度方法论等隐性价值的渗透，让学生不断地在学习中成长。无论在何种情况下，英语口语教学内容的拓展都应建立在学生经验和教学实际需要的基础上，这里的经验既包含学习者过去已有的认知，也指学习者未来有可能发生的感知体验。

（1）钻研教材。英语口语拓展性课堂教学的内容是英语教师在教学过程中对学生经验、生活把握基础上对教学内容难度、进度适切性的理解，把文本的教材知识和课程目标化为学生学习的实效。教师在设计各种口语活动之前，需要钻研教材，认真分析教材，把握教材知识点进行拓展性教学，不仅要对教材中的事实、概念、原理等基础性知识熟记于心，更要对教材中的各单元和不同版本的教材之间内在联系有所了解。在进行中学英语口语拓展性课堂教学时，教师就要对整个中学阶段的英语教材认真研究，各册教材知识点的衔接和各版本教材之间的重点，异同点。

（2）拓展教材。

第一，单元拓展。英语应以单元为体系进行编排，每一单元由四课和 communication workshop 和 cultur corner 组成。因此，教师在撰写教案前应该熟识整个单元的内容，做到纵向和横向的融会贯通，构建单元与单元、课与课之间的联系，并依据新课程标准制定单元、课时的教学目标，确定每节课的教学内容，完成教学任务。

口语的表达需要一定的语段作为基础，因此教师不能忽略短文的作用，根据中学生的英语水平，读懂短文难度不大，重要的是教师要帮助学生把短文里描述人的词汇、句型、方式与他们日常生活里的人结合起来，进行灵活运用。如设计文本所示，给予学生充足的时间思考他们最亲近的人——父母的生活方式并记录下来，然后先向各自的伙伴描述，最后分组分享观点。让学生通过短文学习，重点词汇呈现，同伴合作，小组活动借鉴分享各自的观点，提高语言表达能力，也促进对父母辛勤工作的理解，升华对父母的爱。

第二，主题拓展。英语教材的一个鲜明特点是每个单元都由多个小主题围绕一个大主题编排构成，环环相扣，学习主线贯穿于其中。首先是热身活动，介绍本单元话题，提示关键词汇和重点，做好准备；其次是四个语言输入课是重点指导学生进行语法输入和掌握听说读写的语言知识技能等的运用表达能力；最后是课堂实践，进行语言输出，用说和写来检验学生的掌握程度。每阶段目标明确，最终使学生能够进行语言交际。

首先，教师在设计文本中，就整个班级而言，鼓励学生搜集他们在电影电视中、报纸杂志上、小说文学里等看到的有关圣诞节信息的描写，提供学生集思广益的好机会；其次，学生在各自的小组中讨论出他们认为的中国的春节和圣诞节的相同点和不同点，各小组交换他们的意见；再次，教师还可以让学生们提出圣诞节的习俗有哪些是需要改进的，并指出改进办法以及有哪些优秀传统是需要保留的；最后，在小组讨论活动中，教师可以给予学生参考性的对话。

第三，句型拓展。口语教学中的句型拓展要求教师立足文本教材，不拘泥于教材，整合文本中的语言知识，进行深度加工，学生可以举一反三，触类旁通，灵活运用到交际中。例如，学生遇到 as 开头的句型，教师要注意拓展学生思维，启发他们思考 as 开头的见到过的常用句型，as matter of fact，as far as I'm concerned，as far as I know，as long as，as I just mentioned，as I see it，as it known to us all 等。教师应教会学生使用表达观点的功能用语，能运用 preparation for discussion 学习策略，让每个学生都参与到讨论中来，表达不同的意见。

第四，文化拓展。语言是人类文化交流发展到今天的产物，也是人们进行沟通、联系的工具。语言和文化相互影响，密不可分。当今世界处于日新月异的变化之中，国与国之间的交流愈加频繁，多文化的相融，使得英语教学面临着更大的挑战。新课程标准也强调教师要培养学生的多元文化意识，增强学生的社会交际能力。在培养学生口语表达中，教师对于学生的文化拓展是不可或缺的。世界上所有的国家都有各自的文化象征、标识。教师文化拓展就是要在日常的口语教学中向学生渗透具有代表性的文化象征和标识。教师有责任教会学生用英语来表示中国文化，使中华文明传播到世界各地。

3. 拓展性课堂教学方式

教学方式是指在课堂英语教学中，为了落实教学目标，实施教学任务，依靠教学内容，教师和学生共同使用的一整套、一系列的教学活动的全称，它是教学方法的具体化细节，是教学活动实际呈现出的状态，赋予每位教师的教学以独特的个人特色，影响学生形成各自掌握知识独有的个人风格。

（1）基于多媒体的英语口语拓展性教学。现代化教学方式的转变加快了多媒体与英语口语教学结合的步伐。多媒体英语口语拓展性课堂教学是指在英语口语拓展性教学的过程中，为实现英语口语教学的目标，以学生为主体，依据每个阶段学生群体的特点，经过合理的教学设计，恰当地选择和使用课件或者其他现代多媒体技术，它的交互性、集成性、超时空性等特点给中学英语口语拓展性教学带来了很多的方便。首先，可以使学生在课堂上集中精神，调动学习者的激情；其次，学生能够自主性决定各自擅长的学习形式，积极性提高；最后，知识信息更迭迅速，丰富学习内容，有助于学生创造力和独立性的培养。

第一，教师创设趣味情境。多媒体英语口语拓展性教学把电脑光、色、声、影整合成图文、声像并存的课件，教师根据学生心理发展的特点和日常生活的体验，合理设计教学，创设学生感兴趣、真实自然的语言情境，学生恰如身临其境中习得和运用英语口语，有利于口语教学的效率实现最优化。学生视听有效的结合，促进其多种感官器官的参与，有助于加速学习者情感等非智力因素的觉醒，提高学生的课堂参与度。

第二，学生自主学习。信息技术的快速发展，提供给学生学习的口语资源日渐丰富。除了基本的英语教材及配套的练习材料外，各种辅助资源诸如英文图书、报纸、网站等也层出不穷。通过这些多媒体技术下的学习，学生在进行全方位、多角度语言学习的同时，自主选择学习渠道，使抽象的语言认知形象、具体、生动化。运用网络视频与音频资源，学生足不出户就可以接触当代英语国家的社会和文化，了解他们口语常用表达方式，从而学习地道和实用的口语表达，拓宽视野，使学生具备自主学习的能力和条件，有助于学生独立人格和思维方式的培养。

第三，合理运用多媒体。在强调多媒体高效的同时，应当注意防止滥用，使课堂教学流于形式。如今课堂教学基本上都是做课件，运用幻灯片调动学生口语学习兴趣的同时也不可避免地引发了一些问题。首先，较多的课件信息量使得学生没办法及时地消化，尤其是接受能力稍差的学生，没有时间思考屏幕上一闪而过的知识信息，造成较大的心理压力；其次，种类复杂的课件使得课堂的主次不明显，造成学生注意力不能集中。制作课件应考虑方便教学为第一原则，通过多媒体引导学生讨论、回答、交流等。

（2）基于开放性问题的英语口语拓展性教学。新课程变革背景下以学生为主的英语口语拓展性课堂教学中，是在建构主义学生观的指导下，强调以学生为口语教学的主体，教师指导个人运用一系列的认知操作活动，给学生讲授口语表达的策略，提供多种练习口语的机会，以开放性的教学培养学生的思维习惯。教师要给学生创设一个让他们感受到安全和自由的环境，有较为宽松适宜学习的心理环境。在合适的情况下，教师应适当放权给学生，让他们有充分选择的余地，保护学生的好奇心，接纳学生的奇思妙想，鼓励学生尝试新的探索，表扬学生与众不同的见解，培养他们的非逻辑思维能力。

开放性问题设计的教学是对于传统封闭式教学的不足发展起来的，英语口语拓展性课堂教学的进行强调“问题”，以开放性问题设计教学，它具有发展性、灵活性、独创性等特征，有利于学生动机的激发、兴趣的培养以及提高口语学习的有效性。学生面对英语口语情境时积极探索，在思考问题过程中，不断促进学生语言思维能力的发展，经过集体讨论，从而集思广益，进一步提高创新意识和发散思维能力。

优秀的英语口语拓展性教学，不仅关注学生现有知识技能的掌握，教学目标教学任务的完成，还要考虑到学生情感思维态度的养成以及以后的终身发展。创设开放性问题能够为学生搭建一个思考、运用和交流语言的平台，在实际的英语口语拓展性教学过程中，开放性问题可以从以下方面进行设计：

第一，以课堂教学为主。课堂教学是教师影响学生的主要渠道，教师教学工作的基本形式，是学生学习英语口语和运用语言的根本途径，也是实现学生全面发展的主要阵地。在中学英语口语拓展性教学中，教师要坚持在教学中贯彻“主体开放、探索实践、自主建构、有效开放”的开放性问题教学思路。英语作为一种和汉语完全不同系别的语言，教师在进行课堂教学中的活动设计要把开放性贯穿始终且立足于学生本身，贴近学生生活，学生亲身实践并自主理解。学生不仅能够练习会话能力，还对下文材料中的主题进行了熟悉，促使学生对接下来的内容进行深入思考，加深对本课时内容的融会贯通。

第二，以练习为辅。练习是学生英语口语得以保持与熟练运用的不可缺少的组成部分，也是学生形成和发展英语认知结构的重要环节。在英语口语教学中，练习对于教学成效至关重要，尤其是教师精心设计的练习，对于达到教学目标起到事半功倍的作用。因此，教师在给学生布置练习活动时，要融入开放性的观念，立足基础，既要注重实践又要考虑创新。例如，教师在进行英语口语拓展性教学的课时目标是：

To prepare for a dicussion by making notes.

To participate in a discussion, expressing opinions, agreeing and disagreeing.

To listen for expressions of agreement and disagreement in a conversation.

To develop self-assessment of speaking and writing skills.

在口语拓展性教学中，教师为了使学生的能力达到这些目标，分为三个阶段逐步完成：第一阶段，指导学生使用 preparation for discussion（准备讨论）的交际策略，描述一位优秀运动员；第二阶段，全班分为多个小组进行讨论，对各自的优秀运动员表达赞成或不赞成；第三阶段，询问班里其他的学生是否赞成每个小组关于优秀运动员的观点。这三个阶段的练习都是开放性的问题，学生围绕话题自由讨论，在愉快友好的氛围中把前面学过的知识与结构进行温习巩固，通过积极运用他们的主观能动性掌握知识。

4. 拓展性课堂教学活动

教学活动是由教学主体也就是师生共同选择的许多彼此联系、前后衔接的各具不同功能的活动组成的完整的教学系统，能够实现学生意义建构的学习过程，通常以班级为单位开展，是教师开展教学工作的基础形式。英语教学活动就是为实现一定的英语教学目标，落实教学内容，根据英语口语教学的特征，师生使用教学手段而进行的双边活动。英语口语拓展性教学的教学活动强调的是用拓展性教学活动培养学生在真实场景中的语言运用能力，促进学生的全面发展。优秀的英语口语教学活动课要求教师以启发式教学法为指导，创设符合学生特点、兴趣和经验的活动，在轻松和谐的课堂环境中运用语言，有利于学生独立性和创新精神的发展。

（1）英语演讲活动。英语演讲是训练口语能力的最佳方法之一，可以有效提高学生的英语语言水平，对于增强学生的心理素质也是很好的锻炼。由于学生初次演讲，不懂演讲的知识和技巧，也没有相关英语演讲体验，首先，教师要给学生播放英语演讲的视频或者实例，提高学生实践英语演讲活动的热情；其次，教师要给出英语演讲的相关主题，给学生留有充分的时间搜集资料准备后续的演讲或者即兴演讲；最后，教师要在学生演讲过后给予评价，多运用鼓励性的语言指出学生存在的不足，促使学生继续努力。

（2）英语辩论活动。在英语辩论活动中，学生需要处于高度精神敏感状态，在听的过程中迅速抓住对方的漏洞进行反驳，然后清楚地阐述自己的观点。因此，英语辩论有利于训练学生的英语思维反应能力，培养学生的英语语音语调，有利于学生口语的实际运用，有助于学生团队意识和责任感的养成，对于学生批判性思维能力的发展也是较为有利的。对于基础的中学英语口语拓展性课堂而言，教师可以设置轻松愉悦的辩论氛围，主动参与学生之间的互动，提高学生参与的积极性，增强课堂口语教学效果。

（3）英语游戏活动。英语游戏对于每个人而言都不陌生，是学生较为喜欢的活动之一。选择英语游戏作为训练学生英语口语表达的活动，能提高学生运用语言的兴趣和热情，调动学生学习口语的内在动机。在口语课上教师选择英语游戏，要考虑到学生因素，包括他们的生理心理特点和英语语言水平，还要考虑到教学目标、自身因素以及环境等条件的制约。

（4）自由讨论活动。自由讨论能够帮助改善学生在口语活动中的焦虑不安感，有助于增强学生头脑中口语活动积极词汇的转化，有助于创设轻松友好的练习口语的氛围，增加学生口语锻炼的机会，发挥学生讲英语的内在动机。教师也可以把自由讨论作为口语教学活动前的铺垫，在进行新知识讲授前经过简单的自由讨论提升学生的自信心。在课堂口语教学中的自由讨论中，教师的引导作用也是不容忽视的，应给学生提供讨论的话题，并作适当的指示。

（5）英语角色扮演活动。角色扮演是学生根据教师的要求，扮演不同人物角色，根据自己的理解去模拟真实生活场景。英语角色扮演教学是按照口语教学的目标，在口语拓展性教学中，学生依据口语话题材料中所设计的情节活动，把握其中人物特色进行扮演，运用语言和动作把故事情节完整表现出来而开展的一种实践性教学活动。英语的角色扮演活动能够提升学生的胆量、勇气，在故事中锻炼口语交流，有利于增强学生社会角色意识，要求教师全面掌握角色扮演的相关知识，指导学生自己选择适合的角色，让学生明白各自角色的任务，从而进行集体演练。

（6）英语话剧表演活动。话剧表演类似于角色扮演，比角色扮演更具系统性、完整性和深入性。英语话剧表演需要学生有一定的英语语言基础，能够为学生创设全英语的语言学习环境，通过表演有效提高学生的重音、停顿、语速等口语基本功，增强语言感知能力以及交流时的情感表达能力。在英语话剧表演的实践过程中，教师要提前做好充分的准备，选择当前的热点话题范围，学生自由结合，选出中意的话题，进行排演与公众展示，教师也要组织学生进行有效的评价。

5. 拓展性课堂教学评价

教学评价就是评价的主体运用各种科学的评价方法，基于一定的评价标准和教学目标，多方面搜集教育事件信息后，对教师的教和学生的学的过程、结果有整体或局部的意义评判，为更妥善地制定教学决策作基础，英语教学中一直都较为重视对学生学习状况进行及时评价以便给予反馈。传统英语口语评价较多时终结性评价，也就是以考试的形式，这对学生的口语综合运用能力提升效果不显著。教师应以语言的实用性作为口语的测试标准，外语测试标准的实用性是信度、构想效度、真实性、相互作用、后效作用与适用性的综合考量。评价应与评价对象共同发展，主体自我发展与个体差异发展辩证统一，能够体现出教学评价的激励与导向、改进与提高的功能。中学英语口语拓展性课堂教学评价应全面贯彻现代教学评价的理念，更加关注学生的发展、教师的发展以及以学论教。

（1）多元化的评价主体。传统的英语课堂的口语评价往往是学生演练，教师对其读音的纠正，大多演变成了对学生的纠错课，忽视了学生的自我反思及学生的交流反馈。由于教师决定着评价，学生处于完全被动中，评价就难以发挥它的激励作用，难以有效地促进学生主动改进自己。中学英语口语拓展性教学研究充分认识到了传统评价的弊端，提出采用多元化的评价主体，学生自评、同伴互评相搭配，让学生主动加入评价的过程中去。

第一，学生自评。学生的自我评价是学生思考学习过程中存在的问题、遇到的困难、取得的进步或成绩，也是学生自我反思的过程。为了使学习者的自我评价有效，教师要与学习者共同制定出口语自我评价的标准，学生的自我评价可以是随意的，也可以是正式的，可以在一节课后、一单元后、考试前后，也可以随时在课堂中进行。例如，课后，学生对自己在本节课中掌握的知识技能的评价，见表 4–1。

表 4–1 学生课堂知识技能评价表

日期	班级	姓名	分数
评价内容	评价标准		分值
朗读	朗读对话或短文	发音完全正确（无错误）	10
		发音基本正确（错误不超过 3 个）	8~9
		发音较正确（错误不超过 6 个）	5~7
		发音错误较多（错误超过 6 个）	4 分及以下

第二，学生互评。学生的相互评价通常发生在小组合作交流中，学生之间依据一定的评价标准对其他学生的表现、过程及结果给予一定的反馈。学生互评帮助学生合作意识的培养，有益于推动学生自评的开展，促进学生间真挚友情的建立。在英语口语教学的课堂中，学生互评取得良好效果，教师应向学生讲授互评的方式，如口头评价、纸条评价和表格评价，开展一些精彩的活动，给学生创设和谐的互评氛围。学生之间要彼此信任，公平公正地给出评价。以学生对话交流评价为例，见表 4–2。

表 4–2 学生对话交流评价表

日期	班级	姓名	分数
评价内容	评价标准		分值
对话交流	小组之间的对话	正确回答全部问题，意思完整，交流自然，无语言错误	10
		正确回答部分问题，意思明了，无明显语言错误	8~9
		正确回答出少部分问题，基本大意，有大量语言错误	5~7
		词不达意，语言错误较多	4 分及以下

（2）多元化的评价方式。现代教学评价观念注重评价方式的灵活性，把诊断性评价、形成性评价和档案袋评价以及诊断性评价配合起来，力求采用多元化的评价方式，使学习者在不断的反馈中了解到自身的劣势，努力去克服劣势，获得学习的自信。

第一，诊断性评价。诊断性评价是指教师在口语教学之前对学生的现有状况、认知特点以及水平等的测定与预测，这有利于教师了解学生现有的学习水平和基础，进而思考是否要改进接下来的教学，便于教师对学生因材施教。教师采用诊断性评价，必须要依据备课时制定的教学目标进行，诊断学生的知识基础，找出存在的各种问题，并以此分析出现问题的原因，从而及时地改进教学。在英语口语教学过程中，教师采用诊断性评价大多发生在导入也就是热身活动（warm up）中。教师通过课前的诊断性评价能够掌握学生对本课时新授课的接受程度，有利于教师安排接下来的教学。

第二，形成性评价。形成性评价也称为过程评价，是指在教育教学过程中对教学设计的执行情况和学生学习状况以及进行中的教学活动的价值判断。形成性评价是教师组织教学过程的一个重要环节，对于学习者的发展变化起着举足轻重的作用，有利于教师及时把信息反馈给学生，学生了解了自己，以便于解决先前学习中遇到的问题，从而不断成长成更优秀的自己。在英语口语拓展性课堂教学中，形成性评价贯穿其始终，形成评价内容体系，能够为教师的教学提供参考，其中包括评价项目、记录方式和评价方式。例如，对学生口语学习行为的评价，评价内容是学生上课练习口语的态度、兴趣、参与度；评价目标是使学生拥有积极运用英语的情感体验，调动起学生说英语的兴趣，让学生主动参与进来；记录方式主要是教师的课堂记录，辅之以学生的自我记录；评价方式有许多，主要是教师评价、个人自评、同伴互评等。

第三，档案袋评价。档案袋评价是在教育教学进程中，以学生为主体搜集的，与一定的教育目标相适应的，反映学生某方面进步、成就或问题的相关资料，这是一种综合性的过程性的评价，也是一种持续的、自然的评价，可以激励学生的主动学习意识。将学习是否进步归因到个人努力的程度，是学生不断完善自我的内在动力。随着现代信息技术的发展，传统的档案袋演变为丰富多彩的电子档案袋的形式，较大地促进了学生自我潜能的发挥。尤其是在英语口语拓展性教学中，考查学生口头交际能力的运用，在多媒体辅助教学下，教师应充分发挥电子档案袋的优势，为学生存储口语录音、短剧表演视频等。

（三）拓展性课堂教学反思

在英语口语拓展性课堂教学中，教师要准确定位自己的角色，明确自己是整个英语口语拓展性教学的指导者、组织者和引导者，充分发挥教师的主导作用，将口语性拓展教学自然地延伸和扩展到学生生活的各个方面。但同时教师也要认清自己不是口语教学的主体和中心，把语言运用的主动权还给学习者，时刻以学习者的身心特点为出发点，积极拓展丰富的教学资源，开阔学生视野，为学生创造说的机会，培养学生说的勇气，使学生成长为能够实际应用英语的人才。

1. 开拓视野

英语口语拓展性教学的有效进行离不开英语教师本身的专业发展，拓展视野是教师专业发展的一种基本方法，有利于教师对口语课程有一个全面系统的了解，也有助于开展口语课堂教学的设计与实施，这就需要教师拓宽视野，拥有全面的知识，不仅深入钻研本学科知识，还要具有终身学习的意识，引导学生学会学习。

（1）开放思想，提升教师口语能力。教师劳动的任务决定了教师的示范性。中学阶段的学生，学生学习的环境基本上是以教师为中心的课堂，英语知识大多来自教师的传授，学生英语口语表达能否提高直接受到英语教师口语水平高低的影响。教师开放思想第一要务就是认真解读新课程的核心理念，促进每位学生的全面发展。当今世界国际交流频繁，信息更替日新月异，处于知识发达的时代，英语教师应开放思想，需要合理接纳外界新鲜事物，注重自身口语水平的提高，充分认识到培养学生口语的重要性。此外，英语教师要积极地进行校内外的交流，不断提升自身的能力。

（2）注重内省，提高英语教师反思能力。内省是一种重要的修身方式，教师自省可以理性地汲取有益教学经验，改进自身的不足，积极主动地探索教学实践，增强反思能力。教师的自我反思是在科学理论的引领下，通过内省或者其他的方式对自己的教学思想、教学进程以及教学设计内容的再认识。教师通过反思已有的教学体验，创造性地解决教学问题，监控其教学过程，最终实现本身专业技能的发展。因此，每位英语教师都需要积极地在课前、中、后学会内省，进行自我反思。

（3）坚持学习，形成英语教师人格魅力。人格魅力是个人素质和修养的外在体现，它能映射出自身的道德品质、思想境界、为人处世、气质气度、人生态度及价值观等。教师的人格魅力不仅能够促进学生健康成长，而且关系着学生科学三观的养成。要想具备人格魅力，英语教师需要坚持学习，树立先进性的自主学习理念，紧跟时代步伐，在拥有高尚师德的基础上，不断提高自己的专业素养和人文素养。

2. 因材施教

英语口语拓展性课堂教学的出发点和落脚点是以学生为本，英语教师在教学中要时刻牢记学生为一切教学的主体，面向全体学生，关注每一位学生，因材施教，注重全体学生的成长，发展每位学生的个性。

（1）培养学生乐于交流的态度。学生对待学习的态度是影响学习效果的一个关键原因，学习态度是每位学生的心理倾向，它包含情感体验、行为倾向和认知水平这三种成分。在英语口语拓展性教学中，不管是师生问答，还是生生互动，或者是小组活动，学生都要形成一个勤于沟通的态度。形成积极的学习心理倾向需要学生对学习本身有着愉悦的情感体验、积极的行为准备倾向和主动地去认知。首先，教师要用积极的情感态度影响学生，引导学生认识到交流对于学习英语口语的重要性，激发积极交流的主观愿望；其次，教师要善于运用表扬艺术，鼓励学生犯错，降低学生交流中的焦虑感，诱发学生主动地加入谈话，为学生创设愉悦的会话环境，促进学生养成积极主动沟通的态度。

(2) 促进学生在语境中感知口语。英语口语的特殊性要求学生具有较好的语音、语调、语感等基本英语能力，使学生为英语口语拓展性学习奠定基础，有利于培养学生的综合语言运用能力。对于中学阶段的学生而言，母语结构已经基本形成，汉语与英语分属两个不同的语系，对英语的作用大多是负迁移。英语教师需要在口语拓展性教学的课堂上设计真实自然，贴近学生生活的英语语言环境，使学生在自己熟悉的语境中感知英语，做到有话说、敢于说和尽情说，在教学中教师要尽可能多地用英语组织课堂，创设全英语的习得语境，教师做示范，引导学生转换母语思维方式。

(3) 完善学生口语学习的学习策略。学习策略的掌握是学生善于学习的关键指标，它作为指向认知目标的心理操作，不但构成人们处理问题的重要环节，而且又加速认知水平的提高。中学阶段是学生身体和心理变化基本上成熟的时期，是培养学生养成善于学习的学习策略的重要阶段。英语学习策略的研究为英语教师帮助学生形成良好学习习惯，为独立学习和终身学习奠定基础。在口语拓展性教学中，英语教师需要加强有利于学生口语能力培养的学习策略的训练与指导，注重学生情感策略和意识策略的提高。此外，值得注意的是英语教师要引导学生反思自己的学习策略，更要根据不同学生的特点指导学生运用不同的学习策略，因材施教，提高学生运用学习策略学习口语的有效性。

总而言之，英语口语拓展性课堂教学是从大量的英语口语教学和拓展性教学研究中提取的经验，以其丰富的内涵和意义给广大教育工作者以指导，表现出朝气蓬勃的精力，英语教师们要充分探索英语口语拓展性教学的内在规律，在不断探寻中学习英语口语拓展性教学的新方法、新途径，提升英语口语教学的效果，促进学生更好地实际应用英语。

三、中学英语口语语境教学分析

(一) 英语口语语境的认知

语境与口语教学的关系比任何学科更为密切，语境是口语教学研究中不可缺少的重要因素，口语交际对语境的依赖性较大，任何的口语交际练习与实践都是一定语境中的产物。

1. 英语口语中语境的作用

(1) 语境的应用是促进教学交往的重要保证。教学活动是一种交际活动，口语教学活动的交际性更强。口语课堂教学交际活动中的语境，对整个教学过程语言的运用起到制约和解释的作用，口语课堂中的语境包括课堂情境语境、口语教学内容所处的不同的社会历史文化语境和材料本身所具有的上下文语境等，这些语境因素作用于师生双方心理，影响师生双方的行为和目的，使师生在口语教学中，通过课堂语境的暗示对言语的理解和表达产生特定的指向，并作出适宜的理解和表达，从而影响教学目标能否顺利实现。口语教学与词汇、阅读教学不同，不仅是通过言语沟通师生双方的交际活动，而且是以激活学生主体建构和内在的言语交际能力为宗旨的交际过程。特定的口语交际能力需要在特定的交际活动过程中，根据特定的言语交际环境的要求，通过学生自主的口语实践活动建构而成，在建构的过程中，语境即制约着口语交际活动。因此，语境的运用能够为口语交际活动的顺利进行提供保证，更是促进教学交往的重要保证。

（2）语境的应用是教学目标实现的有效途径。口语交际教学是指教师引导学生参与口语交际活动中，规范口语表达、提高口语交际能力、培养学生口语交际素养的教学。口语交际是在特定语境中发生的一种交际现象，口语教学中的口语交际是发生在课堂上的交际，其话题、交际对象和交际场合都是在一定的语境下确定的，其话题的延伸、表达方式的选择、对对方话语的理解都是在一定的语境下进行的。在口语教学中创设近乎真实的、情感的、轻松的语境，是学生主动参与语言交际活动的重要前提和保障。只有大量的口语交际练习与实践，才能使学生锻炼和提高自己的交际能力，最终实现口语教学的目标。

（3）语境的应用符合教学根本任务的要求。口语教学离不开口语技能的培养，而口语技能的培养与语言功能的了解和掌握有着密切的联系。语言的学习是听说读写综合的过程，语境理论对词汇教学和阅读教学中的成功应用，也暗示着其在口语教学中能够发挥积极作用。语言最本质的功能是为了实现社会交际，口语教学的根本任务是使学生实现和掌握口语交际能力，而口语交际不可能在真空里进行，必须发生在一定的语境里。语言是源源不断的人类生活及活动的一部分，在不同的环境里，人们选择了相应的言语，所以语言和语境是相互关联的统一体。如果不能正确认识这种相互依赖关系，口语交际活动就无法正常进行。因此，口语教学不能脱离语境而单独进行，教师应将学生置于交际的语境里，学会在不同的语境中运用不同的表达方式，实现交际活动。

2. 英语口语中语境的教学

语境教学是以培养学生语言应用能力为宗旨，遵循和运用语境理论来组织教学的方法，其主要内容应包括教师要运用语境理论指导备课，运用语境理论指导自己的英语口语教学，教会学生运用语境知识进行口语学习的教学方法。语境教学不同于情景教学。情景教学和语境教学的密切联系在于，情景实为情景语境，也可称为情境。从某种意义上而言，语境教学包含着情景教学，情景教学法以语言结构的学习和口语能力的培养为目标。而语境教学不仅以语言结构的学习和口语能力的培养为目标，而且还以言语交际能力的培养为目标。

语境教学法不同于情景教学法，情境教学法倡导在教学实践中，在教育者的意图下，人为创设的、充满智慧和乐趣的环境可以包括教育情境、人际情境、社会情境等。情境教学法主要诱发学生的主体性，强化学生的感受，着眼于学生的发展进行渗透性教育。情境教学的常用方法有生活展示、表演体会等。而语境指人们运用语言进行言语交际的言语环境，包括上下文语境、社会文化语境、情景语境和认知语境等，它不是人为优化的场景，而是真实的言语环境。语境教学法主要包括上下文教学法、认识语境教学法和虚拟语境教学法等。语境教学法与情景教学法也有一定的联系，语境教学是在情境教学的基础上发展而来，两者都意识到环境在外语教学中的重要作用。

3. 英语口语中语境的特点

基于核心素养下的中学英语口语语境教学在实践的过程中，表现出相对稳定的特征：真实性、制约性、动态性和生发性，掌握其特征，可以使教师在教学实践中更好地实现对语境的理解与运用。

（1）语境教学法具有真实性的基本特征。语境教学法的运用发生在真实的课堂交际活动中，并以培养学生的真实的言语交际能力为目的。语境下的英语口语教学内容是根据学生实际需要而设定和呈现的，具有真实性。英语教学是在特定的社会文化背景下进行的，不论是具体的教学情景还是根据教学需要创设的虚拟语境都要具有真实性。因此，语境教学法要求教师在创设教学情境时，要遵循语境教学法的真实性特点，不真实的交际目的、交际对象、交际场合、交际关系都会造成语境口语教学的失败。学生作为教学的对象，其自身文化素养、学习要求、知识背景、个性心理和学习方式作为一种真实的存在，也体现了语境下的英语教学方法的真实性。

（2）语境教学法具有制约性。语境包括社会文化语境和情景语境，其中社会文化语境从宏观上制约着语境教学的各个方面，如经济、文化、道德观等。而情景语境则从微观上制约着具体教学活动的实施和开展，影响着口语教学的成功与否。

（3）语境教学法具有动态性。课堂语境总是在课堂的口语交际活动中展开的，随着课堂交际目标和教学目标的不断变化，教学活动和教学方法也要随之而变。教师要根据临时性的语境因素，不断地调整课堂教学，根据学生在言语交际活动中的表达和理解情况，调整教学内容和教学方法，指导学生根据语境因素的变化学会适时地调整自己的言行。只有这样，才能保证核心素养下英语口语语境教学顺利进行，达到培养学生言语交际能力的目的。

（4）语境教学法具有生发性。虽然在语境教学中，师生处在特定的交际环境中传播和接受语言知识和技能，会受到语境因素的制约，但是作为交际活动的主体，教师和学生应学会利用语境因素，特别是利用交际环境和言语知识的有机联系，提高教与学的效率。根据交际环境解释和联想功能，促进更加准确、深刻的理解和表达，富有创造性。

4. 英语口语中语境的原则

核心素养下英语口语语境教学除了要遵循外语口语教学的一般原则外，还要根据语境因素的相关要求，在应用中遵循合作原则、目的需要原则和得体原则。

（1）合作原则。在交际活动中，交际双方要想交际成功，就必须相互合作，遵循一些共同的原则，以保证交际朝着既定的目标和方向发展。口语教学活动本质上是一种言语交际活动，在课堂交际中要达成教学目标就要遵循合作原则，具体包括话语的数量、话语的质量和话语方式。

第一，注意语境中的教师话语的数量。英语课堂口语教学受授课时间和场地的限制，在语境创设过程中，教师话语的详尽程度和所包含信息量的多少，将直接影响语境教学的效果。一方面，教师话语数量要达到交谈的要求，要提供必要的知识、背景储备，要明晰，保证交际活动的顺利开展；另一方面，教师要把握好话语数量，不能超出教学目的和要求，不能把所有信息都呈现出来。因此，在运用语境的教学过程中，教师要根据学生的心理特点和年龄特征，根据教学需要和教学目标，提供适度的知识信息量，从而成功地进行语境下的英语口语教学。

第二，注意语境中的教师话语质量和话语的关联性。话语质量主要指交际中交谈双方的话语真实度。在语境中，无论是教师与学生之间，还是学生相互之间的交际，要在一定的语境范围内，就与特定语境相关的内容进行交际活动，只有这样才能保证交际的有效性，才能提高学生口语交际水平和语言实际运用能力的目的。

第三，注意语境中的话语方式。话语方式主要指在使用语境教学法的过程中，教师不仅要确立有效交往的意识，而且要关注语境中的口语交往是否对学生的口语水平具有促进作用，是否有利于学生口语交际能力的提高。

（2）目的需要原则。口语交际活动是围绕着一定的交际目的和交际意图展开的，交际目的是交际活动所要达到的总目标，而交际意图是由总的交际目标分解而来的。语境下的英语口语教学首先要确定明确的交际目的和交际意图，交际目的和交际意图的制定还要符合学生的学习需要。英语口语语境教学必须要有交际目标，在具体的教学实践中要将教学目标和教学意图具体落实，教师要将课堂交际目标变为学生学习的需要，努力将学生置于特定的情景语境中，使英语口语学习成为学生解决真实语境中的口语交际问题的需要。

（3）得体原则。得体原则要求语境的创设要得体，以保证口语交际活动的顺利开展和进行。交际活动的设置和开展要根据语境的需要，具有相关性、合理性、趣味性和灵活性。

第一，语境的创设要依据社会现实生活。语境的创设要与学生的学习、生活、将来的职业相关联，以便于学生更好地理解和接受该语境，有利于语境中的口语互动学习的顺利高效进行。在创设和使用语境的过程中，教师要依据学生的语言知识水平、生活经历和年龄心理特点，设置相应的语境，不能过于超出学生的认知水平和能力；也不宜过于简单，不能唤起学生的求知欲望。

第二，语境教学要具有趣味性。口语教学中，有趣语境和幽默的教学尤为重要，在语言的学习中，兴趣发挥着很重要的作用。在应用语境教学的英语口语教学实践中，应该注重语境的趣味性，在第二语言习得中，兴趣尤为重要。有趣的语境能够很好地激发学生的求知欲望，促使学生主动参与。在学生积极主动的参与过程中，有效地实现言语知识的内化，口语教学效果的提升。口语教学中的幽默能创造和谐的教学氛围，摆脱交际的困境。

第三，语境教学要注意合理性。语境教学的合理性是指授课教师在结合语境进行英语口语教学实践时，应该要注意符合英语的语言规律，符合教学实践的客观规律。语境的设置要根据教学目标、学生的学习动机等科学的设置。

第四，语境教学要注意灵活性。任何的教学方法都不是一成不变的，教学本身就是一个动态的过程，因此，在语言教师的教学实践中，教师要根据教学的需要和实际的情况不断地进行调整和修改。在使用教学辅助材料时，既不能直接全部照搬又不能被教辅材料所限制，要根据教学目标、课堂教学的实际灵活应对。

（二）英语口语语境教学实践

在语言教学中，语言语境、情境语境和文化语境都发挥了较大的作用，因此，建构语境知识，确定交际意图和发现情境线索是相对比较有效的英语口语语境教学方法。

1. 口语环境的熟悉

口语和听力作为一个编码和解码的过程包含了语音、词汇、语法和背景知识。语言语境指出现在词、短语、句子或段落篇章之前或之后的直接语境，帮助确定词、短语或句子在文本中的含义，语言语境可以分为语音语境、短语语境和句子语境。教师通过讲授语言语境可以提升学生的口语能力，如辨析语音、理解词汇和语法结构等。

教师可以运用给学生课前几分钟上台轮流演讲的训练方法，首先，用一到两节课的课时给学生讲解口语交际的主要需要注意的内容，争取鼓励每一位学生都能主动地在公众面前开口表达自己的思想；其次，安排课前的演讲活动，演讲活动的具体内容和形式应该多样化，既可以拟定一个题目，创设一个情境，让学生体验情境语境，进行口语训练，（如买东西、打电话、自我介绍等），也可以自主选择情境语境进行口语练习；再次，演讲完成后，请一两个学生给出评论，评价的内容包括演讲的内容，演讲者的体态语、语速、语调、发音等各个方面，既可以检查口语理解的训练效果，又可以帮助学生纠正口语交际的不当做法；最后，由教师进行总结，结合真实语境给出学生的优点和不当之处，教师的态度要和蔼民主，或暗示其自己纠正，对学生的评价要公正真诚，不能损害学生的自尊，同时保护学生的创新精神，增强学生的学习兴趣。

2. 文化语境的学习

语言和文化是紧密相连密不可分的，没有足够的母语和目的语的文化背景知识，是无法从根本上提高口语交际能力的，西方文化和中国文化在价值观、思维模式、表达方式等方面有较大的差异，对于外语学习者而言，文化内涵是交际的主要障碍，口语教学要重视文化差异的因素。学生在学习西方语言的同时也了解了西方的文化，对于文化的理解会促进学生口语交际的有效性。教师要在口语课堂上充分发挥作用鼓励学生有文化意识，尽可能多地为学生设置文化语境最终提高学生口语交际的能力，如让学生观看并讨论英文电影，参与到表演话剧等活动中来，课堂上通过教师与学生的口语交流也可以创造文化语境。

3. 情境语境的构建

情境语境的建构在英语口语语境教学中发挥着最重要的作用。教师应该根据学生在语场、语旨和语式方面的熟练程度并充分利用这三个因素来发挥适当的作用。教师应该给学生创设一定的情景语境，使之感受语境因素，对学生进行口语训练。例如，设置各种话题尤其是和学生生活相关的辩论赛，选定学生感兴趣的娱乐节目等，让学生当主持人，再或者选取社会生活中的事实场景，让学生进入情景，揣摩所担当角色所使用语言的内容、语气表情神态、肢体语言等，进行口语训练。

在口语语境教学过程中，教师应该首先介绍情境语境，说明和当前教学任务相关的主题、参与者和传输媒介等信息。在教师的帮助下学生能够预测和推断词汇和语法特征以及对下文的模糊判断。

4. 交际意图的明确

根据系统功能语言学，可以把交际意图分为明确的和不明确的意图两种，明确的意图是言语本身所表达的含义，而不明确的意图得根据语境来判断，不明确的意图又可以进一步的分为文化语境和情境语境两种。交际意图与语境是相互依存的关系，教师要通过生动的例子帮助学生去体会不明确的交际意图，为学生创造更为生动的语境。教师应鼓励学生根据文化语境和情境语境来更准确地把握交际意图从而培养有效的交际能力，口语教学的目标就是提高学生选择适合文化语境和情境语境的表达的能力，通过言内之意来表达言外之意的能力。

第三节 中学英语阅读课程教学设计

一、中学英语阅读课程教学的多元模式

（一）英语阅读课程教学的信息加工模式

1. 信息加工模式的基本认知

听力和阅读都属于输入，学生在阅读时采用的信息加工模式与听力的信息加工模式是相同的，均为自下而上模式、自上而下模式和互动模式，具体包含以下方面：

（1）自下而上模式。阅读的自下而上模式是指读者在阅读时利用字母组合、词、句等语言单位来构建文本的过程，在阅读时自左到右依次读取字母、单词、短语、分句和句子的意义。读者阅读时依照从较小的语言单位到较大的语言单位的顺序，因此，这个模式被称为自下而上模式。

（2）自上而下模式。阅读的自上而下模式是指阅读是一个不断地利用背景知识以及文本中的语言信息进行假设、猜测和验证的过程，这个模式认为激活读者的背景知识有利于阅读理解。

（3）互动模式。互动模式认为成功的读者在阅读理解时既使用自下而上模式也使用自上而下模式。阅读是个互动过程，一方面，读者既利用背景知识来获取信息也从文本中的文字获取信息；另一方面，在阅读过程中很多技能都在同时起作用，这些技能能够共同协作。

2. 信息加工模式的融合应用

随着人们对阅读过程的本质的理解的变化，英语阅读领域被注入了新的活力，阅读不再仅仅被视为解码过程。阅读被看作是自上而下加工模式和自下而上加工模式的综合。自上而下模式指读者利用背景知识和图式来理解文本；自下而上模式指的是读者依据文本中的数据（如单词、短语、句子等）来理解课文。在阅读时最有效的方法是把这两种信息处

理模式综合起来。信息加工模式对英语阅读教学的启示是教师在阅读前要启动学生的背景知识，而当教师确信学生缺乏课文话题的背景知识时要主动提供相关的背景知识，教师也可以通过课前的准备活动让学生自主上网查阅相关的信息。但单靠背景知识并不能解决阅读中碰到的语言问题，语言是信息的载体，在学习课文时，需要借助自下而上的信息加工模式，通过理解语言所负载的信息来获取文本的信息。自下而上模式可以用来教授语言点，而自上而下模式可以用来培养学生的阅读技巧和策略。阅读是心理语言的猜测游戏，读者不断地做出各种假设，在阅读过程和阅读材料中不断求证，不断地调整自己的阅读方法和阅读策略，不断地跟文本进行互动，以寻求对文本的有效理解。在阅读的过程中不断交替地使用自下而上模式和自上而下模式，因此，在阅读的过程中能够更多地使用互动处理模式。

（二）英语阅读课程教学的文学阅读模式

1. 文学阅读模式的构建

基于核心素养的中学英语文学阅读教学模式，即课前准备、阅读理解、探究欣赏、分享表达。

（1）课前准备。文学阅读课往往文章篇幅长，且生词较多，因此，利用课前制作的微课，介绍写作主体的生平、主要作品、创作背景和写作风格，讲解文章的生词，学生通过课前学习，为理解课文扫除障碍。

（2）阅读理解。阅读理解环节是学生对输入的语言信息进行解码加工的环节，也是可理解性语言输入的过程。学生听或读课文并完成理解练习。设计各种活动厘清故事结构，如利用思维导图厘清人物关系，把打乱的文章段落排序等，旨在让学生听得懂或读得懂，培养学生的细节理解能力和逻辑性思维。

（3）探究欣赏。通过问题导学探究欣赏课文，引导学生进行分析、概括、联想等思维活动，尤其学会分析、评价主要人物，旨在培养学生的推理判断能力和批判性思维。通过问题导思，布置学生课前以搭档活动的方式展开讨论，互相阐述、倾听、交流、互动。课堂上再带领学生根据讨论过的问题对文本进行批判性解读，培养学习力，发展思维力。

（4）分享表达。分享表达是语言外化环节，学生通过关键词概括人物特点，探讨内涵，并设计插图，用英语创意表达，提高创造性思维和书面表达能力。通过搭档活动或小组活动的协同合作，话题语言和话题结构得到丰富、补充、强化。

2. 文学阅读模式的应用

下面以《弗兰肯斯坦》① 长篇小说阅读为例进行探讨：

（1）文学阅读的目标包括：第一，学生能读懂有关弗兰肯斯坦梦想、奋斗、毁灭以及怪物被抛弃、流浪、报复等细节；第二，学生能根据思维导图厘清主要人物弗兰肯斯坦与其他人物之间的关系和故事的结构；第三，学生能通过问题导学探究欣赏课文，尤其学会分析、评价主要人物弗兰肯斯坦和怪物；第四，学生能通过关键词概括人物特点，探讨内涵，并设计插图，用英语创意表达。

（2）教学重难点。重点是引导学生听读课文并完成理解练习，厘清人物关系和故事的结构；概括人物特点，探讨内涵，并设计插图，用英语创意表达。难点是引导学生通过问题导学探究欣赏课文，尤其学会分析、评价主要人物弗兰肯斯坦和怪物。

（3）文学阅读模式的过程。

第一，课前准备。课前以微课形式呈现以下内容：①About the author（知人论世，介绍写作主体和背景知识）；②About the writing style.（介绍哥特式小说风格）；③Choose the right meanings of difficult words（学习文章的生词）。学生有一定的阅读欣赏能力，课前借助微课认真学习背景知识和生词，并完成阅读作品任务。

第二，听、读、理解。这一环节是听读故事、理解课文，组织下列活动：①Listen and read the text carefully and do True or False exercises.（认真听读课文并完成理解练习，检测了解故事内容的情况）；②Make clear the relations between Victor Frankenstein and other characters.（根据思维导图厘清主要人物弗兰肯斯坦与其他人物之间的关系和故事的结构）。

第三，探索与欣赏。探究欣赏环节以问题导学为主，重点思考与解答三个问题。在课堂中，教师发问的题目，具体如下：

问题 1：Why did Frankenstein create the monster?（为何弗兰肯斯坦创造了怪物?）

问题 2：What did Frankenstein do to the monster?（弗兰肯斯坦对怪物做了哪些事情?）

问题 3：Why and how did the monster destroy Frankenstein's life?（怪物为何以及如何毁掉了弗兰肯斯坦的生活?）

问题 1 与问题 2 重在剖析弗兰肯斯坦的双面性和悲剧性：他渴望知识，有抱负，为理想不懈努力，但又以自我为中心，将科学探求凌驾于社会伦理道德之上，最终导致悲剧性命运；问题 3 重在剖析怪物形象，通过细读怪物流浪经历的描述及最后一段倾诉和自绝的文字，判断怪物的善恶、内心诉求的原因。

---

① 《弗兰肯斯坦》（全名是《弗兰肯斯坦——现代普罗米修斯的故事》，其他译名有《科学怪人》《人造人的故事》等）是英国作家玛丽·雪莱在 1818 年创作的长篇小说。

第四，分享与表达。分享表达环节引导学生用关键词概括弗兰肯斯坦的三个行为：梦想、奋斗和毁灭（dream，struggle，destroy）。从这三个方面选用至少三个形容词分析弗兰肯斯坦的性格特点，并提供理由和依据。

二、中学英语阅读技能的提高方法

（一）英语阅读材料的合理运用

1. 阅读材料的来源

（1）报纸杂志。教师可选用报纸杂志等英语读物进行阅读材料补充，通过课堂导读与课外自主阅读相结合的模式，鼓励学生在地道的英语表达中了解身边事，帮助学生积累英语词汇，培养学生用英语思考问题的习惯，拓展学生眼界，提升其跨文化意识。

（2）牛津教材文本。研读教材，应从题材和体裁两个方面出发，利用任务型阅读、限时阅读等多种形式对教材文本进行二次开发。教师应结合学生的实际情况，充实材料内容，使文本内容重新焕发生命力。

（3）经典文学。教师可以利用读书漂流、开放书架等形式，定期组织书评、影评等活动，营造良好的阅读氛围，让经典走近学生，让经典走进课堂。

2. 阅读材料的运用

（1）运用书本阅读教材，讲授阅读策略。教师在阅读策略教学的过程中，要注意不可舍近求远，忽略书本上的财富。现行中学英语教材的每个单元都呈现一个阅读策略，这些策略涉及 skimming for main idea，skimming for points of view，employing notes or illustration，identifying discourse markers 等。教师应对这些策略精心研究，并应用到教学实践中。在运用英语教材教学时，策略指导要准确到位。教师可以先归类，将所有阅读策略按照类别重新编排，再进行相应的补充讲解，进行策略拓展教学，并配套相关阅读材料。阅读策略教学必须围绕新课程标准的阅读能力目标展开，凸显策略教学目的，注意指导要到位。

（2）充分开发课外阅读资源。利用书本教材的同时，教师也应重视拓展学生的阅读视野，可以从报纸杂志以及网站上摘录具有时代气息的文章，这些材料既适合学生学习水平，又能激发学生的学习兴趣，融知识性、趣味性、时代性于一体，拓宽学生的阅读视野，丰富学生的词汇量和英美文化背景知识，能够提高学生阅读理解水平。处理这些课外阅读材料时，教师应当注意培养学生的认知策略，要求学生记录下有用的单词、短语和句型；根据构词法知识猜测生词的词义。为了能让学生相互促进学习，教师可以在阅读教学的过程中让学生进行小组合作学习，为学生提供相互交流的机会，培养他们的社会情感策略。学生的阅读兴趣被进一步激发，这也提醒教师要注意阅读媒体的选择和阅读方式的改进。

（二）英语阅读自主能力的提高

阅读是教育的核心。阅读不仅能习得知识还能培养健全人格和高尚情操；阅读是学生最基本的学习手段，也是现代人的基本素养。中学英语课程的具体目标是培养和发展学生在接受中学英语教育之后应具备的语言能力、文化意识、思维品质和学习能力等核心素养。英语学习能力是指学生积极运用和主动调适英语学习策略、拓展英语学习渠道、努力提升英语学习效率的意识和能力。学习能力是构成英语学科核心素养的发展条件。由此可见，在英语阅读教学中培养学生的学习能力，也是中学英语阅读教学努力的目标。

1. 精选阅读材料

有趣的课外阅读材料不仅能让学生产生阅读的兴趣，还能够促使其有效地获得知识和提高阅读能力。教师除鼓励小组成员之间或全班同学之间阅读资源共享外，还以题材广泛（如人物类、体育类、时事新闻类等）、内容丰富（涉及环保、娱乐、历史等）、篇幅较短（300~800 词）、难度适中（难度略高于学生的语言水平，生词率控制在 3%~5%之内）、材料新颖有时效、针对性强等标准精选各种课外阅读材料，激发并培养学生阅读兴趣。

2. 建立阅读机制

为了便于分组阅读、讨论、检查、评比，教师可以采取小组合作阅读的机制。根据学生水平差异，兼顾座位合理的安排将全班学生分成若干个阅读小组（每组 4~6 人），每组设一名小组长便于开展活动，同时让小组成员轮流担任小组长。小组长、组员和教师有明确的职责，小组长定期或不定期召开小组反馈会、向教师反馈小组阅读进展情况、主持协调小组讨论；小组成员应广泛进行课外阅读，并做好阅读笔记；教师的职责则是建立阅读机制、完善阅读小组、精选阅读材料、指导阅读技巧、把握阅读方向、制定阶段目标、定期总结等。

3. 加强阅读指导

在对学生进行阅读训练时，教师不仅要给学生提供读的机会，还要加强阅读策略的指导训练，指导学生运用阅读策略对自己的阅读进行监察、评估和调节，促使学生养成良好的阅读习惯。针对学生阅读中存在的问题，可以通过“四步阅读法”对学生进行指导，具体包含以下方面：

（1）浏览。训练学生在阅读一本书或一篇文章前，先浏览目录、前言、小标题等。在阅读正文之前，先浏览每一篇或每一段文章的开头与结尾，寻找文章的主题句或结论，总体了解文章的重要信息。

（2）质疑。要求学生根据初步获得的信息，设置一些问题，并带着这些问题再去阅读。

（3）抓细节。要求学生仔细阅读文章和回答自己提出的问题，了解本篇文章的短语、难点与词的引申义等，并摘录在读书笔记上，做好积累工作。

（4）写纲要。要求学生在阅读过程中提纲挈领，归纳文章的中心思想和段落纲要。阅读时，眼睛每次移动的注释距离先是一个整句，然后再进行过渡。

三、中学英语阅读理解的指导方式

阅读理解是中学英语教学的重要组成部分，同时也是英语考试的重点题型，所占分值比例较高，是学生提高成绩的关键，这就需要学生掌握有效的阅读技巧。但是很多学生的阅读理解能力却很差。主要是教师和学生将教与学的精力放在字、词、句子及语法学习上，而忽视了对文章语篇语义的掌握，缺乏必要的阅读技巧指导与学习，而这也导致学生在阅读过程中不能采取有效的阅读策略，阅读效率较低。现代教育倡导学生的自主能力发展，将侧重培养阅读能力作为中学英语教学的目的之一，这就要求在中学英语阅读教学中，促使学生在英语阅读中能够采取有效策略解决阅读问题，不断提升学生的阅读能力，学生的阅读自信心也才会得到增强。因此，在中学英语阅读教学中，教师做好学生的英语阅读指导具有重要意义。

（一）整体阅读的技巧

整体阅读法是一种侧重把握文章整体内容的阅读方法，要求学生必须将注意力集中在整篇内容上，先通读全文，再去解答文章后的阅读题目。文章是由字、词、句、段构成的整体，是通过构思与布局对事物进行的论证、说明与描述，学生阅读英语文章时，只有在把握篇章整体思想，充分领悟全文大意的基础上去答题解题，才能防止因局限认识偏差而造成解题方向错误。因此，在中学英语阅读中，整体阅读是最常见的一种技巧方法，同时也是教师必须要指导学生掌握的阅读技巧方法。采用整体阅读法，学生在阅读过程中，若是看到一些实词、转折词或者关键词，可以尝试对后续的文章内容做出猜测，在后续阅读中通过对新出现词语的辨认，不断地对自身的猜测进行验证、修改和再预测，直至能够做到整体把握，将前后情节全面联系在一起。在中学英语阅读教学中，整体阅读方法的掌握

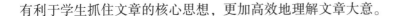

有利于学生抓住文章的核心思想，更加高效地理解文章大意。

（二）不同语篇体裁阅读技巧

不同体裁的文章，阅读方法各有不同。在中学英语阅读技巧指导中，教师还应立足于不同文章体裁形式，给予学生富有针对性的技巧指导。以阅读说明文为例，这是一种客观说明事物的文体，具有知识科学性、语言准确性、行文条理性的特点，文章结构通常是采用总—分—总的形式，并按照一定的说明顺序展开，如时间顺序、空间顺序、逻辑顺序。在阅读这类文章时，教师可以引导学生从行文的条理入手，明确哪个段落说明了事物的哪些特性，以此厘清文章段落的层次关系，提升学生的阅读理解能力。如果阅读文章的体裁为应用文，如便条、倡议书等，阅读时要关注具体的细节，注重相邻句子之间的关系，同时还可以用笔标注出文章中表示逻辑关系的词语，如代词、介词等。而如果是阅读的文章为议论文，通常每个段落都有概括段意的主题句，并经常出现在段首或段尾，在阅读过程中，教师就可以指导学生从主题句出发，准确把握文章的观点，记叙文的阅读关键就是要把握其中的六要素，即 who、what、when、where、how、why，通过这些关键要素的把握，了解文章叙述事件的来龙去脉，以此准确理解文意。在中学英语阅读教学中，教师要从不同阅读文章的体裁特点出发，指导学生掌握不同的阅读技巧，灵活应对不同类型阅读文章的题目设置。

（三）掌握词义的猜测

中学英语阅读文章题材非常宽泛，学生在阅读中经常会遇见一些不认识的生词或短语，这也成为学生出现阅读障碍、产生阅读歧义的重要原因，容易出现断章取义、理解偏差的问题。而对于这种情况，单靠加大或拓展学生的词汇量是远远不够的，教师要将阅读猜词的技巧方法传授给学生，这样才能帮助学生更好地消除阅读障碍。具体而言，学生在阅读英语文章的过程中，对于一些不重要、不影响文章句意的生词，是可以自动忽略的，但是对于一些对文章信息解读非常重要的生词，就必须要采取有效的方式去理解，而这就需要学生掌握一定的猜词技巧。由于英语词义不是孤立的，一般可以通过联系上下文的方式去猜测生词的含义。在英语阅读教学指导中，教师要帮助学生养成在阅读中联系上下文猜词的习惯，根据单词或短语与上下文之间的关系，推断出其意思。此外，也可以通过词缀法进行猜词。在英语中，很多单元词通过添加前缀或后缀可以构成新词。在中学英语阅读教学中，猜词是非常重要的一种阅读技巧，同时也是学生阅读思维能力发散的一种体现。

（四）展开逆向阅读

逆向阅读法是在中学英语阅读过程中，教师需要指导学生掌握的一种阅读技巧方法，这种英语阅读技巧在考试当中非常适用，可以帮助学生节省阅读时间，快速解题。逆向阅读法的应用，主要是指颠倒阅读解题顺序，在传统的英语阅读教学中，都是先阅读，后解题；而在应用逆向阅读技巧时，学生看到文章时，不是先阅读，而是先看阅读题目，然后结合阅读问题，更有针对性地进行阅读。在阅读过程中，只需要仔细阅读与题目有关的句子或者段落即可，这样的阅读技巧可以帮助学生缩小阅读范围，提升阅读的针对性，使学生即使没有读懂文章的内容，也可以通过逆向阅读的方式，快速找出问题的答案，提升答题的准确性。因此，在中学英语阅读教学中，这也是教师可以指导学生的一种阅读技巧。

（五）进行正确判断推理

在中学英语阅读中，教师还应该将判断推理的阅读技巧方法传授给学生。教师在日常的阅读教学训练过程当中，应该广泛选取不同类型的文章带领学生进行阅读，以此帮助学生全面了解不同题材文章的结构特点，促使学生能够在阅读的过程中，把握文章的关键信息，如文章观点、故事人物特点等，通过这些关键信息去理解文章，分析文章所描述事物的相关联系，如全局或局部、主次关系等。在培养学生判断推理技巧的过程中，核心关键就是对关键词的把握，要通过对关键词的分析，做出正确的推测。

此外，教师还可以从文章的语言结构出发，对句子含义进行逻辑分析，从而帮助学生逐渐掌握判断推理的阅读技巧，提升学生的英语阅读能力。教师在指导学生阅读判断推理技巧时必须要把握四个关键点：第一，理解词汇和结构本身的意义进行推理判断；第二，对文章中的一些事实和现象进行归纳，并以此推论出相关的结论；第三，从文章的修辞手法方面出发，对文中的立场观点和感情做出推理；第四，通过文章对话，借助人物双方的语气，了解文章中人物不同的观念。

（六）精进英语文化指导

在中学英语阅读教学中，学生还面临着一大阅读障碍，那就是习惯用中式文化思维理解英语文章的内容，从而导致文章阅读理解出现歧义。针对这种现象，在今后的中学阅读教学中，教师要帮助学生增进对英语文化的认识与了解，这也是指导学生阅读技巧的一种体现。而这就需要教师在日常的教学工作中，除了对学生进行词汇、语法方面的知识教学外，还应该对教材文章中所涉及的文化因素进行深入挖掘，把握住对学生进行文化教育的契机，立足于中外文化差异，从民俗习惯、国家地理、文化传统、地理风俗等多个方面出发，帮助学生了解中外文化的差异，促使学生在阅读过程中，能够从跨文化的角度正确辨识文章的内容，而不是运用中式文化思维去思考问题，这种阅读技巧的掌握，需要在阅读学习中大量地学习积累。在中学英语阅读教学中采用题海战术练习是无效的，只有将有效的阅读技巧方法传授给学生，才能真正提升学生的英语阅读能力。

四、中学英语阅读教学策略应用

（一）中学英语阅读教学策略的意义

在核心素养下英语阅读教学中，教师要充分调动学生学习的积极性，注重培养学生的核心素养以及各种能力。阅读教学各种英文的材料和文章，并不仅仅是为了学生能够获得好的成绩，教师应当重点培养学生的阅读能力、提取关键信息的能力。阅读是学生获取知识的一个重要途径，因此，教师应当在英语阅读训练中，以培养这些重要的能力为主要目的。适当的阅读策略能够帮助学生快速获得阅读文章中的信息，并且迅速找到关键的内容，这不仅对于学生提高做题正确率有极大的帮助，而且还能锻炼学生的逻辑思维能力。学生可能会面临以下方面的困难：第一，难以理解文章大意；第二，无法理解文中的深层次含义；第三，出现过多的生词，影响阅读。正确的阅读策略能够帮助学生解决这些常见的问题，使学生阅读更加轻松，理解更加容易。

（二）中学英语阅读教学策略的步骤

第一，简略了解文章大意。简略了解文章大意是一种较为常见且普遍的阅读方法，指的是通过粗略浏览一遍文章，达到了解文章大意的目的，这一策略有利于学生快速抓住重点，进行更进一步的阅读。略读的方式包括对文章标题、首段开头以及结尾句的浏览，这些都有助于学生了解这篇文章的大体方向和写作思路。同时，理解文章大意也能给学生阅读带来成就感，提高阅读积极性，能够促使他们进一步加深阅读思考。

第二，寻找文中关键信息。学生在了解了文章大意以后，就要开始针对文章更进一步地进行阅读分析，此时，逐字逐句一口气读完文章显然费时费力。根据题目要求或者给出的关键信息，在文章中去寻找对应的关键词句是寻读的主要方法，可以节约大量的时间，而且在寻找关键词的时间内，学生也可以将文章再一次大致浏览一遍。同时，这也能培养学生对于文章中出现的时间、地点、人物姓名等标志性的转折和重点内容的敏感程度，他们在以后阅读中从这些关键词入手，就可以很快抓住重点。

第三，预测阅读内容。在阅读中，教师可以尝试引导学生根据得到的信息猜测接下来的内容，这种预测在阅读中往往起着十分积极的促进作用。当学生发现自己猜测的意思与文中表达的意思相同，会产生一种较为强烈的共鸣感，这会使得学生有兴趣继续了解这篇阅读接下来所要讲述的内容，这种感受能够促进学生自发地去读文章，也能帮助学生更好地理解阅读的内容。

第四，识别文章类型体系。在进行阅读的过程中，识别文章的类别非常重要，它能给学生阅读提示，帮助学生更好地剖析文章。在实际教学中，教师在针对不同题材的文章对学生进行不同指导的同时，还应该充分考虑到这些阅读策略实施的可靠性，随机应变。教师要根据实际情况，采取不同的策略，阅读策略在应用时可以分为阅读前策略、阅读中策略和阅读后策略。

首先，阅读前策略。在学生开始对文章进行阅读之前，教师应该根据文章的体裁和内容进行背景的介绍，可以先对这种类型的文章进行整体的概括，并介绍这种文章的阅读方法和技巧，以及在阅读过程中需要注意的问题，以帮助学生更快地进入阅读的状态。

其次，阅读中策略。教师在学生阅读过程中应该给出这种策略的引导，让学生时刻保持思考，一边阅读一边去体会文中的思想，挖掘文章深层次的含义。以中学阅读中常见的说明文为例，教师可以提出一条思维链，让学生跟着这条线深入阅读，帮学生在阅读过程中有目标地动脑思考。

最后，阅读后策略。阅读后策略主要是指教师在学生阅读完文章并且回答完相应的题目后进行的总结，教师可以引导学生再进行一次精读，将自己理解错误的内容重新看一遍，加深印象，并认真思考为何会出现理解错误的情况，让学生在不断反思中成长。阅读后的反思行为能够促进学生更快地掌握文章整个逻辑结构，使他们在以后阅读过程中可以更熟练地应对。

（三）英语阅读教学策略的方法

1. 情境化教学

情境既可以是观念的、情意的、问题的，又可以是物理的；既可以是虚拟的，又可以是真实的；既可以是基于学校与课堂的功能性的，又可以是基于社会的、自然的、日常生活中的。根据情境创设依据点的不同，可以将情境化教学分为以下方面：

（1）生活创设与实物创设。现实生活是教学的源泉，是科学世界的根基，教学只有联系生活，走进生活，才能使人真正体验和理解知识的内在意义和价值。因此，现实生活应该是教学的基础和前提，教学应与现实生活连接。教学中的实物主要指模型、标本、教具等直观形象的东西。通过实物模拟生活情境进行辅助教学，让学生亲自观察，亲身体会，有助于调动学生参与的欲望，帮助学生集中注意力，激活学生的形象思维，从而突破难点、强化理解，产生较好的学习效果。在教学中，图像是一种直观教具，它包括板书、电影等，图画可以将课文中所描写的景色具体直观地展现在学生面前，使他们获得生动的形象。

（2）语言创设与动作创设。语言表达的形象性能够使听者的脑中呈现出一幅幅鲜明而简洁的画面，而不是一些抽象的语义代码。从教学艺术的角度而言，语言表达的形象性有如下要求：第一，朗读，声情并茂地朗读能把学生带到作品的艺术境界之中，使学生如临其境、如闻其声、如见其人，在头脑中构想出教师所描绘的情景；第二，描述，教师绘声绘色的描述，也能够使抽象概念变得生动形象；第三，比喻，即用某些类似的事物来比拟想要说的事物，以便表达得更加生动鲜明，善用比喻，不仅能使抽象的东西变得具体，化平淡为生动，还能使难以理解的内容变得浅显易懂。

教师在教学中用手势来辅助教学也是教学的形象化体现，有助于学生理解学习内容，但是，从理科的角度而言主要指操作（演示），从文科的角度而言主要指表演。表演是高一层次的形象化，它不仅是教学内容的外观形象，而且展现了人物的内心世界。

（3）新旧知识与观念的关系创设。学生在学校里学到的不是零散的、片面的知识，而是系统的、整体的知识。任何知识都是整体网络上的一个点或一个结，离开了网络，单一的知识也就失去了存在的基础。知识只有在整体联系当中才能真正被理解、被掌握，从而实现其价值。学生对新知识的学习是以旧知识为基础的，新知识或者是在旧知识的基础上引申和发展起来的，或者是在旧知识的基础上增加的新内容，或由旧知识重新组织或转化而成，旧知识是学习新知识最直接、最常用的认知停靠点。

（4）问题创设。问题是科学研究的出发点，没有问题就不会产生解释问题和解决问题的思想、方法以及相关的知识，问题是思想、方法、知识得以积累和发展的逻辑力量，是生发新思想、新方法、新知识的基础。学生学习同样必须重视问题的作用，感知不是学习产生的根本原因，学习产生的根本原因是问题。没有问题也就难以诱发和激起求知欲，没有问题，或者感觉不到问题的存在，学生就不会去深入思考，学习也就只能停留在表层和形式上。

（5）背景知识创设。背景知识是指与教材内容相关联的知识的总称。背景知识与新知识的关系不如旧知识与新知识的关系那么密切、直接，它们之间没有必然的逻辑联系，但背景知识同样是学生学习和理解教材的一种重要的认知停靠点。没有必要的背景知识，阅读和思考往往无法进行。背景知识越丰富，阅读理解水平就越高。课堂教学的背景知识包括：第一，写作主体介绍，对写作主体的介绍必定有助于促进学生对作品的理解；第二，时代背景，有助于学生深入理解课文的内在含义；第三，历史典故，课堂教学中恰当地引入那些趣味横生的文学典故、史料趣闻等，能够促进学生学习。

2. 活动化教学

学习活动是外在活动与内在活动、感性认识与理性认识的有机结合，这是就活动的共性而言的。在不同学科之中，活动又有其个性，即学科性。英语活动即以语言为内容、以听说读写为形式的言语实践活动，它是培养英语能力的主要途径，英语能力只有在英语实践活动中才能得以形成和发展。教师应在引导学生感知语言、理解语言、品味语言、运用语言的过程中培育和发展语言智慧和语言素质，言语性是英语活动的根本属性，即英语活动是以言语为对象进行的感性认识和理性认识相结合的一种学习活动；阅读与鉴赏、表达与交流、梳理与探究是英语学习活动的基本形式，通过这些语言活动，学生在语言建构与运用、文化传承与理解等方面都能获得进一步的发展。

3. 深度化教学

（1）彰显学科本质特性。各学科具有的独特价值和不可取代的作用是分科教学存在的根本理由，实际上这也是人们提炼学科核心素养的依据。学科教学彰显学科本质特性是学科教学的应有之义，英语学科教学应回归学科，这是学科教学的起点和依据。彰显学科本质特性策略需要做到以下方面：

第一，分清学科边界。分清学科边界的目的是教英语学科自己的内容，完成学科自己的任务。每个学科都有自己的知识范围、概念、范畴、原则、原理以及相应的知识点。在教学过程中，对教材的解读也应掌握在学科范围内，不能无限扩大，不能过度模糊学科的界限。

第二，体现学科个性。学科教学的个性化，是指教师在学科教学过程中，根据自己任教学科的不同特点和内在要求开展教学活动，以实现个性化教学。显然，学科教学的个性化不以教师的个性化教学方法为直接依据，而是以不同学科自身的不同要求作为开展个性化教学的主要依据。学科性是衡量教师个性化教学的主要标准，无论教师的教学方法多么新颖和富有个性，如果其方法不能反映任教学科的特点和需要，这种教学活动也很难说是真正具有个性的。因此，在学科教学个性化理念的指导下，教师在教学活动中应充分体现英语学科的特点和需要，教学方法的选择与教学场景的设置等都要围绕并服务于特定学科的特点和需要，体现特定学科的精气神。

第三，充分展示学科魅力。任何学科都具有自身独特的魅力。教师应该引导学生去发现学科之美，去体会学科神奇的魅力。只有引导学生体验学科美，才能培养学生对学科真正的热爱，培养学生内在的学习兴趣，保持学生长久的学习动力。学科教学的魅力还来自学科知识背后所隐藏的学科精神和文化底蕴，教师的教学活动唯有渗透着浓厚的学科精神和文化，才能展示学科教学的特有魅力。

（2）注重核心知识。核心知识是每个教学活动单元中必须让学生掌握、理解、探明的主要知识技能，是教学的主体内容与知识主干，是整个教学活动链条中的关键链环。核心知识具有以下方面的明显特性：

第一，核心知识的内核性。核心知识是教学知识单元的细胞核，相对而言，非核心知识只是其生存的环境。如果说课堂知识具有“内核+围绕带”的结构，那么核心知识就位于其最中心圈层。其他知识，如次要知识、相关知识、边缘知识则依次排列在它的外围，在这一结构中，其他知识构成了核心知识的生存背景。

第二，核心知识的统摄性。核心知识是一个教学活动单元的统领者与连接者，是整个教学活动的母体，相对而言，其他课堂知识技能都是从这一基点衍生出来的，都是为这个核心知识在课堂教学中的展开或习得服务的。人类的核心知识系统是建构复杂认知技能必不可少的一部分，在英语教学中核心知识的作用亦是如此，它是一个教学活动的基轴与焦点，是将零碎的课堂知识串联起来，使之融为一体、有机关联，核心知识教学是赋予教学活动以整体性的关键。

第三，核心知识的衍生性。在课堂知识中，核心知识最具再生力与生发力，它是最具活性的一种知识类型，是一切其他课堂知识得以生发与依附的主要方面。在实践应用领域，核心知识面对的不是一种实践而是一类实践，核心知识的习得能够帮助学习者获得对一类实践问题的解决能力，实现在各种实践领域中的再现，所以具有较强的再生力和与实践的结合力。在课堂知识体系内部，核心知识能在与具体领域对接中生发出一系列新知识，实现对整个课堂知识体系的扩容与增生。核心知识的明显特征就是成长性，对学生而言具有一定的优势与潜能。

（3）构建批判思维。学生思维的引擎的关键是问题的质量（深度），核心是学生的思维。通过问题教学激发和培养学生的批判性思维是深度教学的突出表现。批判性思维具有以下特征：第一，基于事实和证据的思维，重证据是学习各门学科知识首先要树立的思维基本点；第二，独立思考，所有知识都需要经由独立思考而获得，想透彻、想明白，不盲从、不依赖；第三，不懈质疑，不论对别人的观点还是自己的观点，都要有质疑的意识，要认识和承认自己的局限性，对复杂的问题要有好奇心和耐心，但不是为了质疑而质疑，不能陷入怀疑主义，质疑是为了更好地相信；第四，多元意见，学生应意识到很多问题是复杂的，要以开放的心态平等对待不同的观点；第五，理性判断，理性就是不被感情所操纵，能深思熟虑，有理有据，从而做出明智的判断，并在理性判断的基础上，做出决策，解决问题，采取行动。

4. 自主化教学

（1）了解学生的学习现状。为了能够更好地提高学生的英语学习能力，教师可以通过问卷调查的形式对学生的学习水平有一个整体把握，部分学生的英语自主学习能力有待提高。

（2）树立学生的自主学习观念。核心素养下英语课堂阅读教学应该是师生共同学习、共同进步的一个过程，在这一过程中教师和学生分饰不同的角色，教师指引学生的学习方向；学生则要经过自己的探究、总结获得更多的知识，对这些新知识进行整理归纳，最终构建自己英语学习的体系才能把握英语知识的总体脉络。英语的知识结构有助于英语的系统化学习。

（3）确立学生的学习目标。制定合理的学习目标可以有效促进学生的学习，目标制定得是否合理，直接影响到学生的英语学习效果。学生根据自身条件制定合理的短期、长期目标，在拟定学习目标时学生应该从自身实际出发，明确自身的优势和劣势，制定出符合自己的学习目标，只有这样才能增强学生的学习动力并提高他们对自我学习能力的认可。

（4）提高学生的学习兴趣。兴趣是最好的教师，它可以使人的注意力集中，高质量地完成学习任务。中学英语教材将趣味性与实用性相结合，通过不同的主题提高学生对英语学习的兴趣，教师的任务就是通过学生感兴趣的方式、活动吸引学生参与到学习中来使课堂气氛轻松愉快，教学内容充实生动，让学生真正体会到自主学习的乐趣。

（5）形成和谐的师生关系。在培养学生自主学习能力的过程中，师生关系也是很重要的影响因素。自主学习需要确定学生的主体地位，建立自己的知识体系，教师则是学生自主学习的指引者。由于学生自身能力有限，所以，需要教师帮助学生制定目标安排计划；帮学生搜集资料；指导学生养成良好的学习习惯；帮助学生认识学习的重要性；帮助学生科学地评价自己的学习成果；等等。师生之间需要建立平等、和谐、互助的关系，这种新型师生关系的建立将有助于学生自主学习能力的培养。在中学英语教学中应该充分发挥学生的主体地位，培养学生的自主学习能力把英语的学习建立在自主学习的基础上，教师在教学环节中需要转变教学观念，通过改善教学方法来使学生更加主动地参与到英语的学习活动中，让学生在学习过程中自主探究、自主体会、自主提高，成为学习的主体。

（四）英语阅读教学策略的实践

1. 丰富教学内容

在英语教学中，教师应当主动创建与相关阅读背景有关联的情景，激发学生在阅读过程中的参与感和积极性。教师也可以给学生们创造一个可以互相交流的环境，鼓励学生积极讨论，用英语交谈，这样对英语阅读的教学和学生的自主学习有较大的帮助。通过创造生动形象的语境，教师可以加深学生对阅读内容的理解，拓展学生的视野，丰富他们的文化知识和综合素养。

2. 采取多元化教育

英语阅读教学不能单纯地为了应试而进行，教师应当注重对学生能力的培养，尤其是对核心素养的培养，引导学生自主学习，提高学习的积极性和自觉性，多思考多动脑。在阅读一篇文章后，教师可以提出多个新颖的问题让学生们思考解答，并让学生展现自己的思路和想法。对于比较难理解的题目，学生还可以分小组讨论，通过积极地参与和合作学习，找出解答思路，提高学习能力。此外，教师还可以将一些精彩的语句片段作为重点语句，要求学生进行背诵，并在以后应用到写作中去。在中学英语阅读教学中，教师们应该注意学生本身的知识结构和学习接受程度，从而帮助学生减少阅读中的困难。

教师应采取正确有效的方法教育学生，以培养他们的核心素养为己任。核心素养是当代青年必须拥有的一种非常重要的能力，为了学生今后的成长，教师应该重点培养他们的各种综合能力。教师应因材施教，以不同的教学方式，教导不同的学生，运用适当的英语阅读策略，帮助学生快速成长，达成教学的目标。教师不仅要为学生详细讲解知识，更要培养他们自主学习的能力，挖掘他们的潜能，激发他们的自主学习意识，不仅提高他们的学习成绩，更要帮助他们养成良好的学习习惯，为他们之后的人生道路做好铺垫，为他们之后的工作学习奠定基础。

第四节　中学英语写作课程教学设计

一、中学英语写作课程教学技巧与方法

新课程改革对中学英语写作教学提出了更高的要求，除了要指导学生掌握相应水平的英语写作能力之外，还要在英语写作教学过程中注重对学生进行语言实践应用能力、创新能力等核心素质能力的培养。因此，教师要积极转变写作教学理念，在英语教学过程中传授学生正确的英语作文写作技巧与方法，在写作技巧掌握的基础上对学生的作文写作水平进行提升，促进学生英语综合应用能力的不断提高。

（一）英语写作课程教学技巧

教师应认真分析中学阶段学生的学习特点，结合英语写作教学内容的实际，优化和创

新中学英语写作技巧指导教学活动，提升学生的英语写作水平。

1. **细心审题**

细心审题是中学英语写作的首要步骤，只有细心审题才能够明确写作的主题、方向，才能够为具体写作内容的确定奠定良好基础。精彩的作文开头能够增加作文的闪光点，同时，也让阅读者对文章留下良好的第一印象，教师要将这一理念应用到英语写作技巧教学指导过程中，指导学生写出精彩的文章开头。部分学生在英语写作中往往觉得无从下笔，最直接的原因就是没有对写作要求进行认真分析，教师要加强审题强化训练，通过设置专门的审题教学课程对学生的审题能力进行培养。此外，在作文开头，教师要指导学生根据审题的结果采取直接切入的写作方式，让阅读者产生继续读下去的兴趣。

2. **组织交流**

主题是英语写作内容组织的主要依据，主题是否正确、合理是学生能否写出一篇优质作文的重要基础。在中学英语课堂写作教学过程中，教师应当引导学生学会确定写作主题的方法，掌握写作主题确定的技巧。教师可以组织学生对相关话题或者是教学内容进行讨论、交流，让学生在讨论交流的过程中提升写作欲望，同时引导学生积极拓展思维，更好、更加准确地掌握主题确定的技巧。总而言之，教师要从多个角度引导学生对写作主题进行不同角度的分析，这样不仅能够增加英语写作教学指导的趣味性，而且还能够帮助学生开拓思路，有效培养学生的英语写作能力。

3. **注重逻辑**

注重对学生逻辑思维能力的培养，是中学英语写作技巧教学指导的重要内容。运用汉语思维进行英语写作是很多学生在英语写作学习过程中存在的主要问题，不仅影响了英语写作的水平，而且还让学生无法真正地掌握英语语言实践应用能力。针对这一问题，教师应在日常教学过程中，对学生进行跨文化交际相关内容的教学渗透，让学生了解、掌握英语国家文化的内涵和表现，在英语写作过程中能够用相应文化的视角去组织语言、组织文章的逻辑结构，运用良好的逻辑思维能力提升英语写作的水平和效果。在跨文化交际的相关内容教学过程中，教师可以引导学生先从我国饮食文化入手，拓展到外国饮食文化，再进行两者之间的对比，得到尊重文化差异的结论，通过逻辑性强的教学活动对学生的逻辑思维进行培养，同时奠定学生的文化认知基础。

4. **引导仿写**

仿写是英语写作技巧的重要组成，是引导学生写出精彩句子的重要教学技巧之一。教师应当鼓励学生对优秀的范文进行仿写，并且在仿写的过程中引导学生摘录句子、总结经验，不断地将精彩内容逐渐内化为自身的知识和写作经验，从而逐步地提升学生的写作能力。仿写教学指导的第一步是为学生提供优秀的范文，让学生了解到哪种作文是合格的、优秀的；第二步是引导学生对范文进行分析，从题目、开头、逻辑结构、优秀句子和短语应用等角度对范文进行剖析；第三步是引导学生对文章进行仿写，引导学生对精彩的句子进行摘录、记忆，积累写作素材，逐步提升学生的英语写作能力。

5. 句式运用

部分学生在写作文时从头到尾都是同一种句式，表达单一，而英语书面写作表达的一个要求就是会运用高级句型，文中有分词、倒装、强调，非谓语及从句的句子，使文章句型丰富，并有效使用连接词达到文理通畅，起到写作的真正目的。写作是中学英语教学的重要内容，教师要从写作技巧培养的角度出发，引导学生在审题、主题确定、逻辑思维、作文仿写和写作基础等方面不断提升写作能力，提升学生的英语写作水平。

（二）英语写作课程教学方法

教学方法是教师在教学中为达到教学目标，依据学生的实际情况，有针对性地选择教学方法和教学活动等，从而使教学能有最佳效果。以人本主义学习理论为指导的教学，需要给学生提供无压力的学习氛围，提供真实的情境，让学生自己去体验、尝试、发现、探索。因此，教师在进行核心素养下英语写作教学时，要采取适当的教学方法促进学生的变化和学习，在教学中培养和发展学生的英语核心素养。

1. 转变教学模式

在教学过程中，要让学生的语言能力得到培养，就要求教师要以学生为主体，重视学生在课堂当中的体验和感受。在写作教学的过程中，教师可以创造一些生活化的情境，将课堂内容与学生实际生活相结合，这不仅可以激发学生的学习兴趣，也有利于提高学生对英语写作的感知能力。与此同时，教师也可以为学生拓展一些词汇、句式，便于学生将新学的以及学过的词汇、短语、句子进行整合，让写作更顺畅，这对于提高学生的英语写作水平有着较大帮助。当学生拥有大量的词汇积累时，写作过程会更加顺利，学生对语言的运用也可以有更精准的把控。更重要的是，在写作课堂中，学生的语言运用能力以及自身的语言水平可以得到有效提升。

2. 讲授文化知识

文化意识的培养是当代英语教学的重要内容之一。要在英语写作教学中培养学生的文化意识，教师就不能仅依据教材内容来进行写作教学或布置写作任务，因为教材中涉及的有关文化的写作话题并不多，教师应在课堂中给学生普及一些英语国家文化知识，或给学生布置一些有关文化话题的写作任务。文化意识的培养可以采用观看视频的形式进行，这种教学方式强调通过观看视频来进行英语的学习，在观看视频的过程中，学生可以学习地道的发音和语言表达、积累大量的词汇，并能激发学生的学习兴趣，对某些地区或国家的文化也能有一定的了解。在课堂上，让学生观看节日庆祝活动的视频或影片，同时，教师可以为学生讲解一些有关节日的传统文化以及风俗习惯。此外，教师也可以组织开展相应的节日活动，并要求学生在节日活动中利用英语进行沟通，提升学生的英语口语能力。在这样的活动中，学生对英语国家的文化会有更深的了解，能够发现中西方文化的差异，让学生的文化意识得到深化。

3. 优化课堂提问

思维品质是英语学科核心素养的构成要素之一，对学生的发展起着重要作用。教学除了要让学生掌握知识外，还应想方设法提升学生的思维品质，让学生的思维能力在教学中得到培养。因此，教师可以在教学中采用提问的方式对学生进行思维训练，让学生对问题进行思考、讨论。值得注意的是，教师提问的内容要与写作话题相关联，才能做到既锻炼学生思维，又能为学生后面的写作提供思路。

4. 开拓学习渠道

信息技术的发展让教学模式变得多样化，有些学校采用翻转课堂的教学模式，或应用慕课等多种平台进行教学，这些与传统课堂有着明显不同的教学模式，将信息技术融入教学之中，让学习变得富有弹性。无论学生想获取哪方面的知识，无论身处何处，只要能够连上网络，就可以通过网络在知识的海洋里遨游，去搜索、获取想要的知识。在这种环境下，学生要养成良好的学习习惯，提高学习自觉性，通过互联网平台，主动去获取、学习、探索一些课外知识，扩大自己的知识面，有助于提升他们的学习能力，也能让他们在英语写作中做到有话可写，有观点可表达，有事可述。

二、中学英语写作课程教学的方法实践阶段

基于英语学科核心素养的写作方法教学过程就是要让学生的语言能力、文化意识、思维品质、学习能力在教学过程中得到培养。教师在教学过程中起到引导学生学习、促进学生成长的作用，教师要努力让学生从被动学习变成主动学习。例如，以“邀请外国朋友来中国过春节”为题目写一封邀请信，教师的写作方法教学主要包含以下阶段：

（一）写前阶段

写前阶段作为学生写作的准备阶段，涉及语言输入、内容确定等方面，对学生写作有着重要作用，这一阶段为培养和发展学生的英语核心素养，设计了以下活动：

1. 布置任务

课前，教师给学生布置任务，要求学生从网上或其他途径去搜索有关春节的一些英文表达，如红包、春联、拜年等。让学生通过各种渠道去了解有关春节内容的英文表达，不仅可以丰富学生的词汇量，更重要的是能够培养学生查找资料、自主学习的能力。

2. 设置问题

教师对于学生课前去查找、了解的有关春节的信息不是让他们简单地说出来，而是设置问题链，促进学生不断地思考。

教师通过问题追问，与学生互动，能够促使其锻炼思维，诱发学生思考，提升学生分析问题的能力。通过设置问题链环节可以培养学生的思维品质，并引出写作话题，为写作内容做铺垫。

3. 范文展示

教师在幻灯片上给出一封邀请信的范例，通过范例，给学生介绍邀请信的结构、句型，提炼出本堂写作课的核心内容，并给学生讲解英文书信和中文书信的一些区别。教师给学生展示一封邀请信的范例，以此介绍关于邀请信的结构、常用句型，加强语言输入，让学生熟悉更多关于邀请信的语言知识，提高学生的语言表达能力。在该过程中，教师应向学生说明英文书信和中文书信的细小差别，这个差别其实体现的是中西方文化的差异，教师对学生进行适当点拨，有利于帮助他们形成文化意识。

（二）写中阶段

写中阶段包括两个内容，分别是写作技巧讲解以及学生写作，教师应让学生把所学知识运用到写作之中，做到从知识到技能的转变。

第一，示范如何拓展写作内容。学生在英语写作上存在的问题主要包括：不能够将要点完整呈现；叙述过于简单，内容空洞等。教师通过例句的形式，给学生做出示范，让学生更好地了解可以通过增加结果、原因和细节去丰富写作内容、完成写作任务。

第二，示范如何丰富句式。教师通过引导学生运用分词结构、各类从句、倒装句等来丰富句式，让语言表达多样化，从而提高写作水平。教师在平常的教学中会强调并讲解这些句型，但学生要能做到在英语写作中灵活运用这些句型，是需要反复练习的。学生在写作时，为了减少语法错误率，通常使用简单句进行写作。教师引导学生运用分词结构、倒装句等把简单句变成丰富的句式，帮助学生提高句式整合能力以及核心句型的运用能力，把中学阶段学过的语法知识从输入变成输出，实现从语言学习到书面应用的深化，旨在培养和提高学生的语言能力。

第三，示范如何衔接要点。在连接方面，教师引导学生合理使用衔接词让各要点之间具有逻辑性、连贯性。学生在写作时容易忽视要点之间的自然过渡以及语篇的连贯性，导致文章内容缺乏逻辑，语意不连贯。教师通过示范，让学生知道使用一个词、一个短语可以让文段中句与句之间的行文更流畅，逻辑性更好，提升学生的逻辑能力与思维品质。

第四，学生独立写作。讲解写作技巧环节旨在为学生的写作提供帮助，并促进学生文化意识、语言能力和思维品质的提升，学生写作的过程，就是让其学以致用，在学习层次上从知道、理解到运用逐层推进，促进学生学习能力的提升。

（三）写后阶段

学生写作完成后，写后的活动安排也是写作教学中不容忽视的一部分，在写后主要是对学生的写作内容进行点评及升华课堂。

第一，同伴互评。学生写作完成后，教师可以让学生以两人小组形式分享习作，要求学生根据评价量表对同伴的作文做出评价。相比传统写作教学中仅由教师给予学生评价的模式，同伴互评这种评价方式对提高学生的写作能力有积极的作用。在评价的过程中，学生会彼此交流，在交流中能够发现自己作文的不足之处，从而对作文进行改进、优化，也能学习他人作文中的亮点，提升自己写作水平，培养学生合作学习能力，这也体现了以学生为中心的教学理念。

第二，教师反馈及总结。同伴互评后，师生间以修改作文为目的在课堂进行交谈，学生直接从教师那里得到反馈信息。交谈过程中，学生自由地表达自己的观点，教师以此了解学生的写作思想，对学生的写作内容和结构能有更准确的认识，从而有的放矢地对学生给出建议，并对学生写作中出现的一些共同错误，如语法、词汇、格式等，指导学生当场修改，并引导学生总结写邀请信的要点。

通过师生在课堂面对面交流获得信息反馈的方式，能让师生间的距离变得更近，让学生在该过程中有较好的情感体验，与教师的交谈中，学生的语言能力也得到锻炼。教师及时引导学生总结写邀请信的要点，让学生对本堂课的重点内容进行归纳，也有利于学生思维能力和学习能力的培养。

第三，情感拓展。在学生和教师对作文点评完之后，教师可以向大家提问，学生给出不同的答案，总结后一起得出结论，学生点评及教师反馈后，教师通过提问的方式能够让学生的情感得到升华，帮助学生增强文化意识，激励学生认真去学习、了解博大精深的中国文化，做中国文化的传播者。

可见，在以上的写作方法教学过程中，教师通过相关活动设计，让写作教学的每个阶段都涉及学生语言能力、文化意识、思维品质、学习能力的培养与发展，实现将英语学科核心素养落实到课堂。

三、中学英语写作课程教学的不同文体

（一）记叙文

英语记叙文是以叙事为主要表达方式，以记叙自身或他人发生的事情或经历为主要内容的一种文体。记叙文一般用时间顺序组织，通过记叙生动形象的事件反映生活，表达思想感情。文章的中心思想蕴含在具体材料中，通过对人或事生动的记叙和描写来表现。记叙文写作教学的要点主要包含以下方面：

第一，围绕记叙的主题。记叙文的主题是文章的“核心”，写记叙文应紧扣主题，特别是题目中呈现主题的关键词，并围绕主题选材和组织文章内容选材时要挑选那些最能凸显主题，选择重要、有意义和有感触的材料，这样才能使文章不偏离中心，表达真情实感。

第二，涵盖记叙文写作的要素。记叙文写作包含以下基本要素：叙事背景（时间、地点、人物）、叙事人称（第一或第三人称）、情节（开端、发展、高潮、结尾）以及叙事顺序（顺叙、倒叙、插叙）。记叙文必须有一个主要事件作为“主线”，所有的细节都应围绕“主线”组织并为其服务。

第三，运用细节使记叙生动。记叙文写作应避免平铺直叙。如果只是将记叙的事件进行简单的罗列，文章就平淡而缺乏吸引力。在记叙过程中可以通过对人物、场景、对话、情感和心理活动等细节的描写以及设置悬念等修辞手法渲染、烘托记叙的事件，使文章更生动。

第四，在记叙中升华主题。可以在记叙的基础上揭示、挖掘和提炼事件内在的深刻意义，发表感想或说明道理，实现主题的升华。

（二）说明文

英语说明文是一种以说明为主要表达方式的文章体裁，它通过对实体事物的科学解

说，对客观事物做出说明或对抽象事理进行阐释。说明文具有内容基于事实、语言客观简洁等特点。在说明文写作中，常用手法有定义法、过程分析法和因果分析法等。不同于描写文主要写外观和情感，记叙文主要写事件和经历，议论文主要在于“说服”，说明文所涉及的主要是阐述过程和关系。说明文写作教学的要点主要包含以下方面：

第一，明确说明的目的与对象。说明文通过解释、介绍、阐述事物或事理的方式给人知识和信息，教人应用，帮助人们准确认识客观事物。针对说明的目的，被说明的对象不可过大也不可过多，说清楚是关键。

第二，基于事实的详细说明。说明内容要实事求是，准确无误，要提供足够的实例和细节，将难以理解的抽象概念和需要解释探讨的各种问题说清楚。

第三，遵循逻辑顺序的内容组织。说明文中阐述的观点和事例应根据主题的性质，按逻辑顺序、时间顺序、空间顺序或认识顺序排列，条理清楚，符合人们学习和掌握科学知识和有价值信息的认识规律。

第四，简洁、客观、清晰的语言表述。说明文写作中，语言要准确清晰，简洁明了，避免用华而不实的辞藻或含混不清的表述。

（三）议论文

英语议论文是英语写作文体中常见的一种，它要求论点明确、论据充分、论证周密。议论是一种评析、论理的表述法，一段或一篇完整的议论，通常由论点、论据和论证三要素组成。议论的特点是用说理的办法，以案例、事实、数据等形式，直接对客观事物进行分析、评论、表述观点，去影响和说服他人。议论文是以议论为主，直接阐明自己的观点和主张的常用文体，它不同于记叙文以形象生动的记叙来间接地表达思想感情，以事感人，也不同于说明文侧重介绍或解释事物的形状、功能等，以知授人，议论文则是以理服人。议论文写作教学的要点主要有以下方面：

第一，论点鲜明确切。论点是写作主体对所论述问题的见解和主张，是议论文的灵魂。一篇议论文通常有一个中心论点，当然有的议论文还围绕中心论点提出几个分论点，用来补充和证明中心论点。论点一般在开头提出，然后加以论证。注意提出的论点一定要鲜明而确切，是观点的完整陈述。

第二，论据充分可靠。一般以事实、数据、案例等为论据，也可以利用谚语、格言等作为论据。论据必须充分可靠，用于论事说理。

第三，论证严密得法。议论文中的论点和论据是通过论证组织起来的。论证是运用论据来证明论点的过程和方法，是论点和论据之间逻辑关系的纽带。

（四）应用文

英语应用文是人们在生活、学习、工作中为处理实际事务而进行的写作，通常有特定的读者，并有惯用格式。应用文写作是为了公务或个人事务而写，用于解决实际问题，被广泛地运用于日常生活中，具有其特别的实用意义。英语应用文种类繁多。针对中学英语教学的实际情况，讲授日常生活与学习中经常使用的应用文，包括信件、新闻、广告及海报等，在内容编排上也应根据学生对各类文体掌握程度的不同而有所侧重。应用文写作教学的要点主要包括以下方面：

第一，写作目的明确。应用文不是供人审美或欣赏的文体，而是在生活、学习中运用，起到一定功能，达到一定目的的文体。应用文是为实现特定目的服务的，如告知、邀请、陈述等，其写作动因与目的十分明确。

第二，语言表达得体。应用文的文本形式有特定要求，讲究规范。在实际写作中，不同种类的应用文对于语言表达都有特定的要求，应根据不同的读者和内容使用相应的语言。

第三，格式体例规范。应用文有固定的通用格式和体例，体现了该文体的规范性和严肃性，在应用文写作时必须遵守格式体例的要求。譬如英语信件通常由信头、结尾敬语、署名等构成；日记的格式通常包括书端（注明日期、天气等）和正文；个人陈述的格式和通知的格式也是完全不同的。

四、中学英语写作的批改与讲评分析

（一）英语写作的批改

在写作教学活动开展中，作文的批改是一个不可或缺的环节，有了批改环节，教师才能扎实地掌握学生的英语写作情况，对学生的英语学习情况和应用情况有一个全面的了解，才能为后期的英语教学活动的开展奠定坚实的基础。教师在落实作文批改环节的时候，应遵循着有据可依、有的放矢的原则。

1. 及时批改

学生在完成一项任务之后，如果教师能及时批改，可以使学生在仍有记忆的情况下，清楚地认识到自己的错误所在以及自己的优势所在，使学生在知错改错的情况下实现心领神会的效果。教师在为学生布置一项写作任务之后，当学生完成写作任务并将其上交后，教师应在两天之内对其作文情况进行批改，并及时地下发，可以使学生在对自己的作文情况高度关注的情况下，对作文中出现的错误有一个全面的了解，避免批改时间过长使学生的积极性下降的情况出现。

2. 具体批改

在传统的中学英语作文批改活动开展中，部分教师只是将学生所出现的语言错误标识出来就算完成批改任务。学生出现错误的原因是其本身对这些知识的理解不深刻，如果教师无法对这些错误进行具体的指正，学生仍是无法对错误有深刻的理解。因此，教师在对学生的作文进行批改的时候，不管是较大的错误还是较小的错误，都要给出其错误的原因，并对正确的表达给予指导，学生可以在清楚明了的批改下，了解到自己的错误所在，为其今后避免出现同样的错误奠定坚实的基础。在对学生的作文进行具体批改时，教师应根据学生不同的英语学习水平选择不同的批改方式。以上所指出的批改方式适用于全体学生，而对于那些英语基础较好的学生，教师应将其错误标识出来，在错误下边画出红线，由学生进行自我订正，使英语学习基础较好的学生能对自己的错误有一个全面的认识，并在错误自我修订中深刻地理解基础知识，还可以在一定程度上减轻教师的作文批改负担。

3. 评语式批改

评语式批改是指在对学生的作文进行批改的时候，教师对学生的整体写作情况进行点评，使学生能在点评中发现自己的优势与不足。教师在对学生的作文进行评语式批改的时候，应针对其审题问题、写作态度以及常见的错误进行点评，点评以激励性语言为主，使学生在认识到自己错误的基础上树立写作的信心。

（二）英语写作的讲评

英语写作不仅是英语语言综合运用能力的体现，还是核心素养的重要构成因素。如何有效改进英语写作教学方法，提高英语写作教学的实效性，是广大教师亟须探索的重要课题。

1. 同题异构

批改作文是实施学生个体指导、掌握学生个人写作情况的有效途径之一。在批改完作文后，教师可以挑选优秀的、具有代表性的学生作文作为范文进行展示和点评，范文是学生的同学所写，所以他们更易于接受，也更感兴趣。学生可以借鉴同学的写作思维、语言、结构等。

教师在批改完全班学生的作文后，精选两名学生的作文作为范文进行展示，并进行讲评，指导学生学习其优点。教师在讲评过程中引导学生认识到这篇作文的优点。同题异构的作文展示有助于学生在写作中拓展思维、创新角度，激发写作兴趣。

2. 分层展示

教师在英语作文讲评过程中要注重分层，争取让不同英语水平的学生都能从讲评中受益。对于基础优秀的学生，要强调语言优美、逻辑严密、立意独特；对于基础一般的学生，要引导其锤炼词句，在奠定基础的同时稳步提高；对于基础较为薄弱的学生，要鼓励学生动笔写，教会学生用一些简单的词汇和句子结构表达。

教师在批改完全班学生的作文后，可以精选不同层次具有代表性的三篇学生作文作为范文，引导不同层次的学生借鉴其优点。

同一道作文题目，不同的学生有不同的构思。教师在英语作文讲评中要创造性地挑选适合不同层次学生的范文，在展示中引导学生取长补短，使不同层次的学生都能对写作产生兴趣，并感受到写作的艺术魅力。在英语写作讲评中，教师要尊重学生的个体差异，因材施教，帮助不同层次的学生解决写作困难，促进他们共同发展。

3. 分段展示

语言学习在很大程度上是模仿，而非随心所欲地表达。教师要加强写作指导，在批改后精挑细选范文让学生模仿。但是，不同的学生需要模仿、借鉴的地方不一样，部分学生不会写开头；部分学生中心段落写得一团糟，让人不知所云；部分学生不会收尾，作文常常戛然而止。教师在讲评中要针对学生的这些问题进行具体的段落展示和讲评，引导学生结合自身情况，重点学习和借鉴，弥补自身不足。

教师在讲评开头段过程中引导学生认识到：好的开头是成功的一半，开头的好坏决定整篇文章的成败。开头段不可轻易下笔，一定要认真酝酿，应遵循三个原则：第一，吸引读者兴趣；第二，展示中心、统领全文；第三，言简意赅。

教师在讲评中间段落（讲述故事）过程中应引导学生认识到：故事写作以记叙、描写为主，中间可以夹杂抒情或议论；要交代清楚故事的六要素：时间（when）、地点（where）、人物（who）、起因（why）、经过（how）和结果（what）。学生的写作弱点往往不是六要素的问题，而是缺乏恰当的描写、抒情与议论这一问题。教师应引导学生长期积累，并在讲评时刻意做对比展示，及时给予其方法指导。

教师在讲评结尾过程中引导学生认识到：文章的结尾没有固定模式，可以根据所写故事的特点灵活采用结尾方式；在文章结尾处可以点明主题、升华主题、引起深思、阐述愿望等，不可盲目使用万能句，必须符合中心思想。综上所述，教师采取分段展示范文的方式，一方面能够寻找学生作文中的闪光点，给予其鼓励，增强其信心；另一方面，能够帮助学生弥补文章中有缺陷、瑕疵的地方，让他们有机会互相学习，取长补短。

4. **整体建构**

书面表达要布局谋篇，应遵循的原则是段落分明、中心突出、环环相扣（连贯）、画龙点睛（总结、升华），对中学生写作方面的要求是能用语篇衔接手段构建书面语篇表达意义、体现意义的逻辑关联性。因此，在核心素养下的英语作文讲评中，教师要引导学生强化作文各个段落之间的逻辑关联，注重运用衔接手段连段成篇，让学生认识到书面表达包括三个部分：开头、中间、结尾，开头要足够精彩，吸引人的目光；在中间的描写环节逐步把故事推向高潮；结尾要准确、稳当，即总结和升华主题，引起共鸣。

良好的写作讲评策略能让学生知其然，更知其所以然，有助于他们查漏补缺、开阔思维、提高写作能力。教师要从学生实际出发，遵循循序渐进的原则，在英语写作讲评中做到有目的、有计划、有要求、有检查、有反馈，针对不同类型的范文采取不同的讲评方式，激发学生的写作兴趣，培养其核心素养。

第五章　中学英语教学主要模式设计

第一节　中学英语微课教学模式设计

微课提出的最初理念，是人们以非正式学习或正式学习方式，对主题集中、短小精悍且与实践紧密结合的专业知识进行学习，进而提高专业知识的学习成效，促进知识的内化。

一、中学英语微课教学模式的理论

（一）终身学习

随着社会的不断发展，为满足社会变化的需求，终身学习理念逐渐引起政府的关注，终身学习成为当今人们生存必不可少的能力。终身学习，是通过一个不断的支持过程，来发挥人类的潜能。它激励并使人们去获得他们终身所需要的全部知识、价值、技能与理解，并在任何任务、情况和环境中，有信心、有创造性和愉快地应用它们。面对经济科学技术发展如此迅速的社会，我们只有不断学习，才能不被社会淘汰。这就需要我们懂得学习方法，通过不断学习来完善自己。目前，终身学习理论，已经成为我国教育领域的重要理念。该理论的核心之处在于，学习者应学会学习，即具有获取新知识的能力，在通过互联网手段查找新知识的过程中，提高学习者的信息素养。

终身学习理论对本研究具有实际意义，在教学中，使用微课，有利于培养学生的自主学习能力，教会学生主动通过网络获取学习资源，学会自主分析和解决问题。微课不受时间和地域的限制，只需要具有终端移动客户端即可。学生可以根据自己的兴趣，主动学习自己喜爱的知识，它具有较强的目的性和动机。学生在学习微课的过程中，可以培养自己良好的学习习惯，为实现终身学习奠定夯实的基础，真正实现终身学习理论倡导的将终身学习到的知识等应用于实际生活中。

（二）建构主义学习

建构主义学习理论，是认知心理学派的一个分支，其理论内容十分丰富。它能够应用于教育教学领域的核心理念，可以概括为：以学习者为中心，强调学习者对知识的主动探索、发现和对所学知识主动地、有意义的建构，而不只是把知识从教师的头脑中传送到学生的笔记本上。

建构主义学习理论，强调学习者应在已有的知识经验基础上，主动地对新知识进行建构，注重情境教学和学习者获取新知识的主动性，为微课在英语教学中应用的教学设计提供理论指导。微课，是将某一个知识点或重难点系统地集中在一起，帮助学生巩固和深化已学知识，有意义地完成建构。同时，它将文字、图片、声频和视频整合起来，打造生动、有趣的学习氛围，提高了学生的学习兴趣和效率，满足了学生的个性化学习需求。

（三）微型学习

随着社会快节奏的发展，人们逐渐习惯浅阅读。为了让人们更易理解和接受，各种各样的“微”现象层出不穷，如微博、微信和微电影等。微型学习理论，适用于学习时间比较分散的情况，与微课有利于学生碎片化学习的意义相对应。微型学习理论，决定着微课的选题内容，它适宜选择容量小、相对集中的知识点或重难点作为教学内容。微课选题内容的好坏，是衡量微课质量高低的标准之一。因此，教育工作者应根据学生的身心发展特点和学生已有的知识经验，利用微课调动学生对学习的积极性和主动性。

（四）联通主义

联通主义理论，是以信息技术的发展为主要载体的一种学习理论。在当今大数据的时代背景下，学会如何处理知识之间的融会贯通，是适应社会的重要能力之一。联通主义理论强调知识之间的交互性，它对指导微课的应用提供了理论基础。例如，教师在制作微课过程中，为了将某一知识点概念讲解得全面、具体，需要对该知识点进行总结归纳。这一过程中，需要注重知识点的延伸，以及知识之间的相互性。学生在进行微课学习的过程中，头脑也会将知识点之间形成网状系统，通过长时间的学习，逐渐掌握教师的总结技巧，并将其转化为适合自己的学习方法。

二、中学英语微课教学模式的特征

第一，教学时间短。研究发现，无论是国外还是国内，优秀的微课都具有一个明显的特点，即微课的视频时间一般都比较短小，大约在 5~10 分钟，最长不会超过 15 分钟。在一节课中，学生的有效注意力时间约为 10 分钟。微课时长的确定，正是根据学生学习的认知特点设定的。授课时间短，可以避免学生因学习时间长使得注意力分散的情况产生。

时间短的目的，是使学生在短暂时间内高效地完成学习任务，所以“短”是微课最为基本的特点。

第二，教学内容精。由于微课时长比较短，所以微课的内容必须精致。一般而言，一节微课只会针对某一个小的知识点进行讲授。总而言之，在设计微课时，不能拖泥带水，必须精致紧凑。在讲解时，不求内容庞杂，但求清楚明白。

第三，资源容量小。在一般情况下，微课资源的总容量在几十兆左右。这样的容量，使得视频在互联网上的传播成为可能，便于学生的学习和教师之间的交流。

第四，学习移动性。微课资源容量小，除了能给交互式学习提供便利外，还能使移动学习成为可能。移动学习，是指在数字化学习的基础上，通过有效结合移动计算技术，带给学习者随时随地学习的全新感受。移动学习，被称作是当前教育信息化发展下的学习革命，也被认为是一种学习者在未来学习时不可缺少的学习模式。在微课学习中，学生可以利用手机、iPad 等多种播放器进行观看，是微课移动性的体现。这种学习的移动性，使得学生的学习更具有效率，并且给学生带来多元化的学习体验，促进学生的自主学习。

第五，学习自主性。微课，是一种以建构主义理论为指导思想的教学方式。它是以在线学习或移动学习的方式，向学生传授一些简要、明确的主题或关键概念。这种形式，完全有异于传统课堂教学，在整个教学过程中，学生的学习活动不受教师的监控，完全是一种自主的学习。在面对学习内容时，学生具有很大的自主选择性。在学习过程中，不仅可以根据自己的喜好和疲劳程度，随时开启或终止学习，而且可以根据自己的理解程度进行反复观看。从某种程度上来看，这种学习的自主性，也是学习个性化的体现。

三、中学英语微课教学模式的优势

第一，教学内容。传统意义上的教学，将教师作为知识传播的载体。从某种意义上而言，微课具有替代的功能，可以让学生了解具体的学习目标和重点。微课要想达到这方面的效果，就需要教师备好课，做好教学设计。借助微课，教师可以要求学生将了解并掌握的知识进行展示，做到一目了然而又重点突出。

第二，教学时长。传统的英语课堂之所以失去吸引力，与教学形式有关。在整个过程中，教师居于绝对的主导地位。如果学生对这种模式不感兴趣，那么教师即使付出再多的精力也是枉然。所以，使用正确的形式，激发学生的学习兴趣很重要。微课程的使用，就可以达到这个目的。在使用微课时，课前进行预习、复习及阐述某些知识点，只需 5~10 分钟。网络上的微课资源相对比较丰富，不仅可以帮助学生了解新课，而且可以让学生对具体的重难点问题有正确的认识，从而有效地缩短课堂教学时间。

第三，教学方式。在上课时，学生专注力保持的最佳时间，通常在上课后5~10分钟。之后，学生的注意力就会开始下降。在下课之前的5分钟，学生的注意力会有所提升。了解这一规律并有效利用，可以提升课堂学习的效果。在具体的操作中，微课时长基本在5~10分钟，只要做到重点突出而又通俗易懂，就容易被学生接受，从而激发起学习的兴趣。教师可利用这一基本规律，把教学内容的知识点在上课前5分钟做引导，下课前5分钟做总结点评。

第四，教学效果。一堂英语课的教学效果如何，其具体的评价标准，一方面应该结合课堂氛围；另一方面要看学生掌握了多少有关的知识。通常而言，知识点要在本堂课内消化，所以，及时、全面的课内教学检查，非常有必要。教师应根据教学进度，在教学检查环节，设计检测微课。同时，把本堂课有关的基础知识、重点、疑难问题，以及核心理念等，以微课的形式回顾，强化具体的学习成果。此外，教师也可以确定知识点，提高学习的针对性，巩固教学效果。

总而言之，微课为英语课堂教学注入了新鲜活力。它既能够增强英语教学的课堂效果，又可以激发学生对英语学习的兴趣。因此，英语教师要不断学习，逐渐掌握和熟练运用微课这种教学模式，设计多样化、主题明确和内容丰富的教学微课，引导学生主动开展英语学习，纠正当前英语学习中的弊端和问题。

四、中学英语微课教学模式的原则

（一）短小精悍原则

“微”，既是微课最基本的特征，又是它与其他网络课程最本质的区别。“微”，主要包括三个方面：一是指视频长度的“微”。中学生在学习过程中，能够集中注意力学习的时间较短。长时间的学习，容易让学生产生疲惫感。此外，为了满足学生碎片化学习的需要，使学生能在零散的时间内学习，所以，每个微课视频的时间应控制在10分钟左右。二是指微课视频容量的“微”。随着无线网络和移动终端的普及，大多数学生很容易就能接触到手机、电脑或iPad等。视频容量小，不仅有利于学生观看或下载视频，使学生可以随时随地学习，而且有利于实现资源共享。三是指微课内容的“微”。微课一般只承载1~2个知识点，以便能更有针对性地解决学生的困惑。所以在设计微课之前，教师首先要考虑课程内容的选择，应尽可能地将课程内容细化，将一个章节的学习内容分割成相对独立的知识点。需要注意的是，如果教材内容分割不当，很容易导致知识点支离破碎，以及教学内容的连续性、逻辑性和整体性缺失。所以，在微课选题时，教师要充分考虑知识

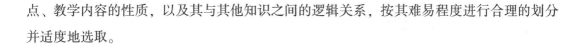

点、教学内容的性质，以及其与其他知识之间的逻辑关系，按其难易程度进行合理的划分并适度地选取。

（二）目标明确原则

微课的核心内容，是针对学科学习中的重点、难点或常考点等，设计制作的微型视频。微课教学目标明确，有利于学生根据自己的学习实际需要或兴趣，有针对性地选择学习内容。这样，能够有效地提高学生的学习效率。

五、中学英语微课教学模式的建构

从课前、课中、课后设计微课，将微课与英语教学有效结合，探讨全新的英语教学模式，以使学生对英语教学产生兴趣，培养学生的英语语言能力。“课前—课中—课后”英语微课教学模式。“课前”即微课作为课堂教学中的课堂导入环节，运用情境的导入，实现背景知识的呈现，并且巧设问题，引发学生的思考。“课中”，是指课堂中知识点的呈现。首先，教师结合事例，帮助学生更好地理解文章；其次，层层深入，引出问题，使得师生之间和生生之间共同讨论；最后，教师对学生的回答进行微点评。“课中”，是课堂英语教学的主要环节，它是每堂课知识点的重要呈现部分。“课后”，是在课堂的结尾。首先，教师设置练习，巩固学生的所学知识；其次，教师对学生还未懂的问题进行解释；最后，教师向学生布置家庭作业，学生回家后再进行自主学习。英语微课“课前—课中—课后”教学模式有以下环节：

（一）课前的微导入环节

第一，情境创设。在设计微课时，英语教师应根据课程需要，对文本进行解读，创造合适的语言情境，将学生顺利代入文本中。情境的创设，需要贴近学生的日常生活，与文本内容相关联，切勿与文本相脱离。

第二，背景呈现。教师在上课之前，需要先找出课本中的文化背景知识，培养学生的文化意识和敏感度。背景的呈现时间，一定要控制在2分钟左右。背景知识的呈现，一方面，可以帮助学生了解文章主题的背景，以便更好地理解课文内容；另一方面，可以帮助教师更好地引导学生对文章进行了解，为下一步问题的设疑做好铺垫。

第三，巧设问题。巧设问题，是课前的重要环节，它起着承上启下的作用。一是承上前面呈现的内容；二是启下课中重点知识的讲解。同时，教师提出的问题，既要与文章主题相关，又要联系实际生活、贴近学生，使学生在解决问题时产生共鸣。

（二）课中的微讲授环节

第一，知识点的微呈现。微课知识点的呈现，是最重要，也是最难的环节。而选题，是教师在制作微课过程中最难抉择的环节。微课要选出一堂课的主题或知识点进行重点讲解，而提炼一堂课的主要知识点，对于一些教师而言就是一种挑战。教师一定要经过解读文本，选取关键的主题或知识点，从而为下一步的问题讨论奠定基础。

第二，结合微事例。教师在知识点呈现完毕后，应结合一些小的微案例，去帮助学生理解所学的知识点。事例的选取，应结合知识点的内容，使学生在这个案例中受到启发，从而促进学生进一步的思考。

第三，问题微讨论。结合前面的知识点和微事件，教师可以巧设疑问，提出问题，引起全班学生的讨论。讨论，是以小组的形式进行的，每个小组分为4~6人。教师需要让学生安排好记录员及汇报者，锻炼学生合作学习的能力。既可以发散学生的思维，又可以增强生生之间的合作互助意识。

（三）课后的微练习环节

第一，练习巩固。教师应该制作一个微练习视频，将本堂课的知识点应用到微练习中，让学生在课堂中观看微练习视频，从而巩固所学的知识点，使学生更好地掌握本堂课的内容。在课后，教师可以将微练习上传到群共享，让学生下载后回家再观看微练习视频，进行学习和巩固练习。

第二，再次提疑。在学生通过观看微练习及完成家庭作业后，再次提出令自己困惑的问题。首先，学生可以自己先思考，如果仍然很困惑，就可以将问题带到下一节的英语课中；其次，教师可以根据学生的问题，通过师生之间和生生之间讨论，解决学生提出的问题，从而加深学生对知识点的理解与掌握。

第三，布置作业。在知识点讲授完后，教师要根据课堂中讲授的内容，为学生布置作业，使得本堂课既有输入又有输出。“输入—输出”相结合，是英语教学中最重要的一环。只有这样，教师才能了解学生掌握本堂课知识点的程度。同时，作业要有一定的梯度，既要适合中等生，又要适合优等生和后进生，充分考虑到学生的个性化发展。

第二节　中学英语情境教学模式设计

中学英语情境教学，是指教师在教学中，应以人为本，运用心理学的理论和方法，以情感为纽带，创造人为优化的环境，有意识地激发和调动学生有利于英语学习的积极情感因素，培养学生的学习兴趣，增强学生的学习动机、自信心、主动性和目的性，提高英语教学效果，从而实现教学中师生的共同参与、和谐发展，促进学生整体素质的提高和个性的发展的方法。

一、了解中学生的情感特点

中学生随着身体和生理发育而出现的生理和心理特点，是精力充沛、活跃好动、自我意识增强，尤其注意个人形象，重视自身在集体中的地位，注重伙伴友情，比较能够不带成见地接纳异国文化并与外国人交往，他们的审美观念以追求时尚和个性为特征。了解中学生的情感特点，便于教师因材施教，构建和谐的师生关系，促进学生好学、乐学的养成。

（一）开展互帮互学活动

从某种意义上而言，教师的工作是传递爱的行为。因此，引导学生理解自我、关爱他人，是教师的一份不可推卸的责任。一般而言，学校中最重要的缺失需要是爱和自尊。如果学生感到没有被人爱，或认为自己无能，他们就不可能有强烈的动机去实现较高的目标。因此，要使学生热爱学习，教师首先应是公正的。教师应该面向全体学生，爱护学生，尊重学生的差异。任何学习活动，总有接受快慢、成绩高低之分，英语学习更是如此。英语教师不应该看不起那些后进生，而应该想方设法地帮助和激励全体学生共同努力、共同进步。“互帮互学”活动，是指全体学生通过自由组合或指定组合等方式，结成学习互助小组，并以小组为单位开展学习竞赛，促进共同进步。教师应尽量让对英语不大感兴趣的学生与对英语感兴趣的学生打成一片，形成兴趣融合。具体做法，主要包括以下方面：

第一，做好思想发动工作。引导学生相互尊重，尤其是理解和宽容学习生活中暂时的不如意，号召学生努力创设比较理想的环境，特别是人际关系环境。理想的人际关系环境的重要标志之一，是师生之间和生生之间相互尊重、互帮互助等。在这样的环境中，学生有一种安宁、惬意和追求上进的心态。同时，教师可以利用主题班会、广播、照片宣传和外出实践活动，如野炊、郊游等多种形式，向学生强调团结协作和互帮互学的重要性。

第二，建立学习合作小组。在教师的总体组织部署下，学生自愿结成以两三人为一个单位的学习小组。在通常情况下，在这个小组中，有一名英语成绩较好且乐于助人的学生担任辅导员，负责辅导和监督其他学生的英语学习。一般情况下，一个班大约有 20 个这样的小组，这样便于教师在此基础上开展学习活动。

第三，积极地向学生提供成就反馈与奖励。学生获得关于自己进步的反馈，可以增强学习成就感。教师应当经常以不同方式，总结学生学习进展情况。

（二）营造温馨的学习氛围

随着时代的进步，人们逐步认识到，理解不仅是认识手段，而且是人存在的方式。教师应树立“为理解而教”的教学观念。在教育教学工作中，教师应从尊重学生的个性出发，采取多种方法，诱导和启发学生，帮助他们确立正确的学习动机，尽量使学生逐步感受到成功、进步和发展的欢乐，使得教学活动在积极、温馨的气氛中展开。

第一，确立理解性班训和班歌等，激发学生积极向上的情感。理解性班训，具有简短易记、高度概括和催人向上的特点。通过教师前期发动组织，学生自由创意，公开评选。

第二，运用理解性的话语。中学生正处于身心发育的高峰期，他们在内心深处特别渴望得到尊重和理解。作为教师，应常常站在学生的立场替他们着想，在深刻理解学生身心特点的基础上，与学生展开平等交流与对话。虽然教师没有足够的时间与每个学生谈心，但是利用作业批语却不失为一个很好的办法。好的作业批语，可以架起师生沟通的桥梁，增进师生的了解。此外，教师还应该积极地运用语言鼓励学生，引发学生学习的成就感。教师的言语鼓励，常常可以帮助学生发现自己的优势与不足，树立学习自信心，确立努力的目标，在教学时，把学生当成自己的朋友，真心真意地对待他们，努力用放大镜来发现他们的优点，在探索知识的道路上共同携手，从而增进师生感情。

第三，为学生布置具有英语特色的学习环境，营造学习氛围。理想的学习环境，应当是干净、整洁、清新和雅致的。在同学和教师的共同努力下，对于班级良好学风和学生主动学习态度的形成，起到了重要的推动作用。

二、培养兴趣设计情境课堂

设计灵活开放和富有活力的情境课堂，是实施素质教育的主阵地。学习兴趣，是个体力求探究事物并带有强烈感情色彩的认识倾向。在课堂教学情境中，教师不仅要让学生快乐，而且要使他们感兴趣，以便为教学活动创设快乐和兴趣相结合的最佳情绪背景。为了培养学生英语学习的兴趣，英语教师必须精心组织教学内容，注意调动积极的情感因素作用，使学生在发展求知需要的过程中，尽可能充溢着积极的情绪体验。

（一）奠定课堂积极的情感基调

英语教师应善于做情感调节工作，通过创设一个轻松、积极和快乐的学习气氛，引发学生进入英语学习的氛围，从而使得全体学生参与合作，为整节课打下良好的情感基调。人对于自己感兴趣的事物，总是会优先给予注意。英语教师应重视英语课开始的5~10分钟的教学，根据不同的情境和教学特点，设计不同的教学形式，让学生尽快进入英语学习状态。

第一，坚持英语值日报告，营造说英语的情境。值日报告的目的，是给学生提供一个展示自我的舞台，锻炼学生说英语的信心与胆量，提高学生的学习兴趣。值日报告，包括朗读、双簧表演等多种形式。每次值日报告，教师都要让学生给予点评，评分标准由全体学生共同制定，主要分为五个部分，即面部表情、声音、表现力、与同学的互动交流、表达清楚，满分20分。由于发动及时，准备充分，并且与小组竞赛、平时成绩挂钩，学生都能表现出很高的热情。

第二，结合实际生活，展开会话讨论，激活英语思维。英语学习，应与实际生活结合起来。不但可以锻炼学生的口头表达能力，而且能充分调动学生的学习积极性。

第三，练习心理暗示操，集中注意力，形成愉悦的学习心境。现行的课前准备活动，主要有备齐学习用品、端坐、静待教师上课。由于忽略了学生的心境调节，如集中注意力和调适感情状态等，这种准备活动的效果并不理想。中学生的学习生活十分紧张，压力很大，学生往往会出现过度焦虑的状况。教师可以用舒缓的音乐，伴以柔和的语调，引导学生做身体运动，或想象愉快、宁静的场景。练习心理暗示，就是要充分利用兴奋与抑制的诱导规律转移消极情感，或通过自我暗示控制消极情绪和行为的发生。

（二）丰富语音和语法教学情境

一个人在愉快时，更容易通过感知接受外界信息；而在不愉快时，则易闭塞接受外界信息的通道。伴以较强情感体验的事物，比缺乏这种体验的事物更容易被记住。而在伴以情感体验事物中，与正情绪相联系的事物比与负情绪相联系的事物更容易给人留下深刻的印象。当然，目前这项研究工作，主要集中在记忆这一认知活动方面，但这却给我们的教学带来了许多启发。在英语学习中，学生需要记住大量的词汇和语法知识，打下扎实的语言基础知识。

第一，运用手势与肢体语言，丰富语音学习情境。在长期的英语教学中，笔者发现，如果学生在语言学习的基础阶段打下良好的语音基础，将极大地提高学生英语学习的信心和学习效果。

第二，运用妙趣横生的语法口诀，解决语法学习中的难题。在英语学习中，语法学习十分重要。然而，许多学生害怕学习语法，记不住语法的条纹细则。主要是因为学生将语法学习与语言运用割裂开来。由于其缺乏语言运用实践，致使语法学习死板机械。此外，由于教师未能将语法知识系统化，教学目的性不突出，重难点讲解没有透彻。语法教学应当讲练结合，以归纳为主，演绎为辅。英语教师要抓住语法的基本要点，编撰语法口诀，集中教学，以解决知识增长的无限性与时间的有效性的矛盾，用最短的时间引导学生“学习得法”，减轻负担，提高效率。语法口诀，讲究的是切中要害，打的是“短、频、快”，目的是易于掌握、方便记忆与演绎。如果机械地按书本教学生学习语法，学生学习很可能顾此失彼。而通过语法口诀的学习，语法不再枯燥，而是变得妙趣横生。学生因为抓住了规律性的知识，会感到兴奋不已，其学习兴趣也将更加浓厚。

（三）营造英语课堂的教学情境

创设教学情境，既能活跃课堂气氛，激发学生的学习兴趣，锻炼学生的语言能力，又能培养学生的思维能力和空间想象能力。要充分利用直观教具和电化教学手段，努力创造英语环境。为创设这种环境，在教学中，教师应该采用多种手段进行生动、形象的直观教学。图画、幻灯片、图表，各种实物、教师的动作、表情和声音，以及多媒体的使用，都能增加教学的直观性，增强英语环境氛围。

1. 实物演示，显示情境

利用实物进行教学，可以最大限度地调动学生的好奇心，使干巴巴的讲解变得生动起来。例如，在学习介绍沙拉制作过程的课文时，教师可以在课前安排学生模仿课文，写一个水果沙拉的制作过程。在课上，让学生分组表演沙拉的制作，其中一人用英语讲解，两人制作，最后一人总结活动。通过班级评委打分，得出创意奖、营养奖、美味奖等。

2. 通过挂图、幻灯片显示情境

创设英语教学情境，教师可以利用教学挂图或根据有关课文、对话及课后练习，自己动手绘制挂图。利用挂图，形象直观，能帮助学生加强记忆，引导学生用英语进行思维，让学生利用图中的情境进行综合练习。例如，在教学“询问和指导方向”时，教师可以画一幅街道图，边说边演示。这样，学生更容易理解。

3. 应用简笔画，想象情境

在教学过程中，简笔画有着独特的信息沟通作用。它能省掉诸多的语言讲解，可以明显地促进学生对语言材料的感知作用，就能表现出丰富的语言信息和概念。在英语教学中，学生每天接触大量的语言材料，如果仅靠听教师读或听教学录音，不容易记住。即使记住，也会很快淡忘。如果用简笔画配合教学，就可以为学生提供语言情境，充分调动学

生的形象思维，变抽象的语言材料为生动具体的形象。这样，可以提高学生分析、理解和看图说话的能力。

4. **通过动作模拟情境**

以动作模拟情境，是在课堂教学中常用的一种方法。在课堂上，教师可以尽量用现身说法，借助动作来帮助学生理解单词、句子或句型。例如，在教学方位介词时，教师可以边说边做动作。

三、培养学习兴趣的实际情境

组织多种情境性活动，让学生在实际情境中陶冶情操，培养学习兴趣，比较符合感情的情境性特征，感情的情境性，是指人的感情在一定的情境中，产生并随情境变化的特性。情境性活动有多种，主要有三种：

（一）英语竞赛

在教学实践中，学生的快乐情绪并不总是由求知需要的满足来激发的，它还包括学生对成功的需要。一是希望获得成功的机会；二是希望胜过周围人，希望在胜过周围人的过程中获得成功。满足成功的需要，不仅会使个体产生快乐的情绪，而且会增强个体的自信心和胜任感，促进个体朝着成功的方向继续努力。在教学活动中，利用竞赛，能使学习活动变得更富有刺激性、挑战性和生动性。竞赛，可以在个人之间、相同分数段之间、班级之间，甚至年级之间、校与校之间展开。它可以有口头竞赛与书面竞赛之分、课堂内与课堂外之分、对抗赛与挑战赛之分。

（二）英语游戏

参加各种娱乐活动的需要，是人的天性，其起源于生物性需要如何在嬉戏和娱乐的活动中接受教学内容，一直是古今中外崇尚乐学教学的人努力寻求解决的课题。结合教材，创设游戏情境，能满足学生的好奇心和好胜心，缩短学生与学习内容、对象世界之间的距离，达到较好的教学效果。还可以让学生玩猜谜语、学英语的游戏。

（三）英语表演

在英语教学中，表演是一个十分重要的教学环节。学生通过由最初排演课本英语小对话到基本能运用英语进行会话，渐渐形成了良好的语感，锻炼了说英语的胆量，增强了学习英语的信心，多方面地学习和了解了外国文化习俗，培养了跨文化交际意识。教师可以引导学生排演课本剧，改编对话或自创对话，可以让学生表演英语绕口令、英语双簧、哑剧或木偶剧等。只要英语教师善于引导和组织，表演是一种提高学生英语学习兴趣的好办法。

在中学英语教学实践中，开展情境教学，能够使学生对英语学习产生浓厚的兴趣，提高学生的英语学习成绩。此外，情境教学，逐渐渗透到其他学科中，促进学生各门功课的学习。

第三节　中学英语任务型教学模式设计

任务是在英语课堂中，学生根据教师给定的情境，通过理解和处理信息，学会运用目的语做事情的一种教学活动。教师在设计任务时，应当以学生的兴趣爱好、能力，以及社会需求为依据，设计出的任务应当真实且有意义，在完成任务的过程中，教师应当给予学生一定的指导和帮助，但不能过多地干涉学生的活动。学生需要运用目的语去交流信息、组织信息和得出结论，最终完成向全班汇报。任务的实施，不仅有利于学生语言知识的学习，而且有利于提高学生的语言综合运用能力。

任务型教学模式，是在交际教学模式的基础上发展起来的一种新型教学模式。在生活化的情境中运用语言，是语言学习的最好途径。任务型教学模式是建立在建构主义理论基础上的教学模式。为此，教师应当根据学生及社会的需求，选择适当的任务。学生应该根据教师的要求，制订完成任务的方案，并通过运用自己的逻辑思维，以及小组合作等方式，完成既定的方案，在过程中不断完善自己的语言知识结构。

任务型教学模式，就是以具体任务为学习动力或动机，它将完成任务的实践环节作为学习过程，不再以测试分数作为最终评价结果，而是以展示任务成果的方式来体现教学成就，学生在教师的指引下，通过接触、思考、合作和呈现等方式，进行自主学习。在此过程中，学生自己学习目标语，发展语言能力，从而感受成功的心理体验。由此看出，任务型教学模式，将传统的以教师授课为主要方式的课堂模式转变成以学生参与课堂活动为主的方式。教师备课不仅需要熟悉语言知识，而且需要开拓教学资源，设计出运用语言知识的任务。在课堂上，教师需要引导学生了解任务内容，下达任务指令，监督并帮助学生顺利完成任务，组织学生将成果以口头或书面的形式向班级汇报，纠正学生出错较多的知识点和练习难点。在参与任务的过程中，学生不仅能够运用到所学的语言知识，而且能够体会到小组合作的快乐。既培养了学生分析问题和解决问题的能力，又调动了学生学习的积极性，提高了学生的学习兴趣。

一、中学英语任务型教学模式认知

(一) 任务型教学模式的构成要素

任务型教学模式是由六大基本要素构成的，分别是任务目标、输入材料、活动、教师角色、学生角色和环境。

1. 任务目标要素

任务目标，是指教师希望学生通过完成任务而达到的教学目的。它不仅包括培养学生学习语言知识的能力、提高语言运用的能力、增强学生团队的交流合作能力，还包括情感与态度的培养，包括激发学生的英语学习兴趣、提高学生的自信心等方面的内容。

2. 输入材料要素

输入材料，是指教师设计任务需要的素材。输入材料必须来源于现实生活，材料应当具有真实性和有意义性。只有这样，学生才能在真实、自然的情境中体会语言和运用语言，进而解决日常生活中可能遇到的问题，达到真实交际的目的。输入材料，可以是语言性的，即口头任务材料，如广播、戏剧和新闻等；也可以是非语言性的，即笔头任务材料，如期刊杂志上的文章、日记、书信和解说词等。输入材料的形式，不能只局限于课本，应当是多种多样的。例如，报刊、剧本、影视作品或是学生的原创作品。输入材料的手段，包括录音机和投影仪等教具。

3. 活动要素

活动，是指学生利用输入材料完成任务的过程。任务型教学模式的核心理念，是以学生为中心。这就要求教师在设计任务时，需要按照分层设计的原则，兼顾各个层次学生的需要，设计出不同的任务，使得各个层次的学生都能找到适合自己的任务。学生通过独立探究和与同伴协作的方式，完成任务。不仅能够培养学生独立思考和独立探究的能力，而且能够培养学生的人际交往能力和合作共享意识。同时，还能激发学生学习英语的兴趣，使其获得成就感，增强学习自信心。因此，运用任务组织教学，不仅能够丰富学生的知识储备，而且能提高学生的交际能力，使学生端正学习态度，增强学习自信心。

4. 教师角色要素

在任务型教学过程中，教师不再是课堂的主角，而是课堂任务的设计者、课堂活动的组织者和监督者。有时，教师也可以深入学生的讨论之中，作为学生的帮助者与伙伴。

5. 学生角色要素

在任务型教学过程中，学生是课堂的主角，是任务活动的参加者和执行者，是积极的语言学习者，也是信息交流者和小组同伴的合作者。

6. 环境要素

环境，是指课堂活动的组织形式，包括任务完成时间的分配和任务完成方式。其中，任务完成方式，又包括个人独立完成和小组合作完成。为了全面调动学生的积极性，培养学生的合作意识，一般以小组活动为主。活动组织，既可以在课上进行，又可以在课外进行。

全面、细致地了解任务的构成要素，可以帮助英语教师更深入、细致地了解任务型教学理论，从而为更好地实施任务型教学模式打下坚实的基础。

（二）任务型教学模式的六大类型

不同研究者从不同的角度，任务型教学模式分为六类，即列举型任务、排序型任务、比较型任务、解决问题型任务、分享个人经验型任务和创造型任务。

第一，列举型任务。列举型任务，是指教师根据已有的知识与信息，列举出大量的实例和数据，以加深学生对某种现象的理解，拓展学生对某事物的认识。生生之间相互列举，更能加深学生对某种现象或某个事物的印象和理解。

第二，排序型任务。排序型任务，是指教师可以将文章段落的顺序打乱，或将图片顺序颠倒，让学生根据时间、空间和逻辑顺序或步骤安排等标准，来重新排列。这就要求，学生不仅要熟悉课文内容，而且要注意内容的内在逻辑关系。

第三，比较型任务。比较型任务，是指将性质相似的事物或人进行比较，并找出其中的异同点。

第四，解决问题型任务。解决问题型任务，是较高级的任务形式。它要求学生根据自己的知识储备和逻辑思维能力，运用目的语去解决可能会遇到的实际问题。按照不同的分类标准，问题可以划分为多种类型。例如，具体问题和抽象问题、自然科学问题和社会科学问题等。同时，解决问题的方法和途径也不尽相同。

第五，分享个人经验型任务。分享个人经验型任务，是指学生可以自由发表对于某个问题的观点和看法，同时听取别人的意见和建议，同学之间进行相互沟通与交流。分享个人经验型任务，有利于拓宽学生的视野，培养学生的多元思维。这种沟通与交流，没有特定的目标，没有时间限制，一切取决于学生自己的意愿。

第六，创造型任务。创造型任务，既是一种较高级的任务，又是一种综合型的任务，它具有探索性、开放性和实践性的特点。创造型任务，需要小组成员共同努力完成，同时运用列举、排序和比较等多种方式。创造型任务，既可以培养学生的语言运用能力、分析问题能力和动手能力，又可以培养学生的团队合作精神和创新意识。

（三）任务型教学模式的基本特点

任务型教学模式①，无疑是一种先进的教学理念，其教学理念有以下六个特点：

第一，在教学目标上，不仅重视语言知识的学习，而且注重语言运用能力和情感态度的培养。任务型教学模式，不仅注重语言的准确性和流利性，而且强调在真实的情境中对语言的运用。同时，在学生参与完成任务的过程中，它注重培养学生的参与意识和合作意识，提高学生的学习兴趣。

第二，在教学方式上，提倡开放性和参与性的教学方式。任务型教学模式，要求学生参与到教学活动中，成为教学活动的主体。此时，教师引导学生学习，学生主动参与活动，与同伴合作学习。教师可以设计不同类型的任务，如采访、发表获奖感言和话剧等，以此来充分调动学生的积极性，让他们更好地融入教学情境中。

第三，在教学内容上，任务型教学模式提倡将真实的或接近真实的生活情境融入课堂。任务型教学模式，强调任务应当取材于日常生活。取材于日常生活的任务，不仅能够使学生在轻松的氛围中自然习得语言知识，而且能够使学生运用语言知识解决生活中的实际问题，让其感受到学习不再枯燥乏味，从而激发学生的学习兴趣。

第四，在教师角色上，教师不再是课堂的主体。任务型教学模式，要求教师角色转换，教师不再是课堂活动的主角，而是任务的设计者和实施者、语言相关行为的指导者和任务的监督者与评估者。要想顺利地完成教师角色的转换，首先，教师要调整心态，接受教师的新角色；其次，教师要帮助学生理解新知识，做好新旧知识的衔接，组织学生顺利完成任务；最后，教师要对学生完成的任务进行相应评价。只有这样，才能真正将课堂交还给学生。

第五，在学生角色上，学生成为课堂的主体。任务型教学模式的核心理念，是以学生为中心。学生不再被动地接受知识，而是在教师的引导下，充分参与课堂活动，学会运用新知识，将新知识纳入自己的知识结构体系，并由被动接受知识的听课者变成课堂活动的积极参与者、自我行为的自觉监控者和知识的主动探索者。

第六，在评价方式上，教师不仅需要注重结果的评价，更要注重过程的评价。任务型

① 任务型教学从学生的基本心理需求出发，认为学习是满足个体内部需要的过程，在教学目标上注重突出教学的情意功能，追求学生在认知、情感和技能目标上的均衡达成。

教学模式，把教学整体目标分解成若干个子目标，学生在教师的引导下，完成各项子任务，最终达到整体目标。教师通过学生完成的子任务，对学生实施评价。这样，就将学生所学的知识和学习过程结合起来，从而形成综合性评价。

总而言之，任务型教学模式实现了从注重教师教什么到注重学生学到什么的转变。

二、中学英语任务型教学模式实施

（一）任务型教学模式设计

教师在教学目标的指导下施教，使学生能在任务型教学模式下感受成功，并在学习的过程中获得情感体验，调整学习策略，形成积极的学习态度，促进其语言实际运用能力的提高。在任务型课堂教学中，教师要从学生的“学”的角度来设计教学活动，使学生的学习活动具有明确的目标，并构成一个有梯度的连续系列，从而使学生在教师设计的各种“任务”中不断获得知识。随着“任务”的不断深化，整个语言学习过程会越来越自动化和自主化。从与生活相关、学以致用和促进学生全面发展三个方面，来设计任务。

1. 生活相关的任务设计

教材，是教师实施教学计划的依据。现行的英语教材，有着完整的知识体系和技能训练体系。教师应根据学生的特点，灵活地运用教材，为学生布置与其生活相关的任务型活动，激发学生的学习热情。学生通过完成任务，把所学知识充分运用到与生活相关的实例中，既有效地提高了学生的语言表达能力，又提高了教学实效。

2. 学以致用的任务设计

英语教学的目标之一，是通过师生之间和生生之间的互动，培养学生运用英语进行交际的能力。教师在运用任务型教学模式时，应设法使设计的教学活动，既能贴近学生的日常生活，使学生学会运用英语来解决生活中的实际问题，又能满足学生在将来社会生活中运用语言的需要，为其未来发展做好准备。使学生能够运用英语解决真实生活中存在的问题，从而达到“为用而学，用中学，学中用”的目的。

面对在将来社会生活中可能发生的实际问题，学生可以运用所学知识，畅所欲言。当学生在完成这些任务时，能够运用英语解决真实生活中存在的问题，从而达到学以致用的目的。同时，教师也很好地达到了预设的教学目标。

3. 促进学生全面发展的任务设计

在英语教学过程中，教师不仅应该使学生的听、说、读、写四种语言技能得到发展，而且应该发展学生的学习能力，如想象力、思维能力、创新能力、合作能力和协调能力等。语言技能，是通过语言学习和语言实践培养起来的，两者构成了一个互为支撑和互为发展的有机整体。任务型教学模式在发展学生的语言技能和提高学生学习能力方面，具有明显的优势。

总而言之，教师在设计和选择课堂教学任务时，既要依据课堂教学任务的类型来判断这些任务是否适合课堂教学，又要根据教学内容、教学条件和教学者对任务进行适当的调整，使之更符合教学要求，从而使任务型教学模式能够在提高学生的英语运用能力方面发挥出最大的效应。

（二）任务型教学模式步骤

1. 任务型教学的呈现

任务的呈现方式，贯穿整个课堂教学过程中，课前、课中和课后。在上课前或下课后，为了让学生更有针对性地预习，教师可以将下一节课要学习的内容事先告诉学生，并以任务的形式呈现给学生。让学生结合课本内容，带着任务，通过查阅报刊、书籍和网络，广泛地搜集相关知识材料，从而积累更多的第一手资料。在正式上课后，教师应该首先向学生呈现出任务。一节课可以有多个任务，这些任务构成一个任务链。在一堂课的不同阶段，教师可以根据不同的教学目的，提出不同的任务，如预测任务、排序任务和复述任务等。在一个任务完成后，再呈现下一个任务，这就使学生在全部时间内都处在任务的驱动之下，使得学生对语言知识学习和技能训练有了一种渴望，使得大脑始终处于一种激活状态。这样的学习过程，是任务驱动的过程，不仅有利于激发学生的学习兴趣，强化学生的学习动力，而且有利于体现任务的真实性。对于课堂上因争议而暂时不能解决的任务，教师可以鼓励学生在课后继续进行深入探讨和研究。

2. 任务型教学的准备

（1）语言知识方面的准备。执行任务要求的语言水平，与学生现有语言水平之间存在着一定的差距。这个差距，由任务前的准备活动来弥补。语言知识的准备，指让学生学习和激活与所要进行的学习任务相关的语言，一般是指本单元教学内容的知识性要求，包括词汇、句型和一些语法。教师应该以多种形式，对影响学生听力和阅读的重点词汇、句型和语法进行教学。作为学生语言习得的引导者和答疑者，教师起着学习的向导作用，所以，教师要在教室内巡回观察答疑。对于学生存在的共性问题和输入材料中的难点部分，教师可以进行集体分析和解释，但不能占用太多时间，把学习时间还给学生，让学生去参与学习。在这一阶段中，教师的“教”成为一个动态过程，需要根据学生的语言水平、任务要求和学生反馈等，随时调整自己教的内容和形式，而不是像以前那样既不考虑学生的实际情况，又不考虑语言的运用目标，只是简单地把教材上的内容灌输给学生。语言形式的学习，为任务的完成奠定了坚实的基础。

（2）任务内容方面的准备。对于真实的生活任务，教师还要向学生介绍一些关于任务内容方面的知识。教师还可以让学生观看他人做过的类似任务的录像或其他相关资料，与学生一起讨论任务该怎么做，最终让学生对于应该怎样完成任务，以及在执行任务时应该怎样说、怎样做，做到心中有数。

（3）任务实施方面的安排。相比之下，结构主义教学的组织实施比较简单，教学以教师为中心，课堂很容易控制。任务型教学模式，突出学生的主体地位，学生成了学习的主人，那些习惯了被动接受知识的学生，可能会不知道该怎样学习。要求教师在如何实施任务方面，进行细致的安排。教师在布置任务时，不但要明确提出任务的目标和结果，而且要告诉学生如何开展此项学习任务，任务要在多长时间内完成，具体到每位学生的任务是什么，以及完成任务后应获得什么样的结果。任务完成的形式，可以是个人单独完成，也可以是集体完成。

3. 任务型教学的执行

学习型任务，一般要求在本单元教学中完成或者当堂完成，如看课文回答问题。当然，也可以根据本单元的话题，布置个别的长期任务，让学生在规定的时间内完成。教师要督促任务执行的进程，最好将任务细化为若干个子任务，分阶段完成。任务执行的每一阶段，都要有一个时间期限，从而保证学生能够脚踏实地和按部就班地完成任务，而不是到任务的最后期限时应付了事。教师通过考查、观察和与学生交流，对学生的书面作业、演讲和朗诵等任务结果的表现形式，以及学生的学习能力、参与程度和合作精神等方面，做出过程性评价。这种过程性评价，可以使学生在学习过程中不断得到激励，产生自信心和成就感，从而转化成继续学习和进步的动力。

4. 任务型教学的总结与评价

任务后的总结，主要是让学生展示任务结果，对任务执行的结果进行检查和评估。任务结果的展示，可以是口头形式，也可以是书面形式。对任务完成情况的展示，给了每个小组和个人在他人面前展示的机会。传统的教学在课堂上对学生学习情况的评估，是在学生做完练习之后，由教师核对答案，或者由个别学生提供答案与其他学生核对。这种评估方式，对于有固定答案的一些练习而言，是非常高效的，但是大多数学生没有展现自我的机会。长久下来，就会湮没学生的个性。任务型教学模式中任务的结果，一般没有固定的答案。不同的学生，有不同的结果。这样，教师就不能采用核对答案的形式来进行评估。

在任务型教学模式中，对任务执行结果的检查和评估应该进行方式如下。对于单独完成的任务，先让学生在小组内展示自己的任务结果，然后由各个小组推荐出代表，代表本组成员在班中展示自己的任务结果。各个小组的人员都有机会展示自己的任务成果，并且可以从他人的任务结果中吸取对自己有用的成分。对于一些分组完成的、不宜在课堂上展示的大型书面任务，可以将任务结果张贴在教室后面，向全班学生展示。全班学生共同完成的集体任务，由教师亲自对任务的执行情况进行评估。教师对学生任务结果的评价，不仅可以起到很好的点拨作用，而且有利于教师掌握学生的任务完成情况，发现学生在语言运用中出现的问题，以便在任务后有的放矢地进行一些强调语言形式的活动。

第四节　中学英语学案导学教学模式

一、中学英语学案导学教学模式的含义

（一）学案的含义

学案，就是指教师根据学生的知识储备和认知水平，为帮助学生主动构建知识体系而编制的学习方案。学案的实质，是知识重点的梳理和把握，有利于学生掌握教材内容，实现"教"与"学"的沟通，是培养学生建构知识能力和自主学习能力的重要手段，能够给学生提供导读、导听、导思和导做的辅助。关于学案的概念，有多种解释。学案就是教师结合学生的特点和课程内容，精心设计的、需要师生共同完成的、帮助学生自主地学习、思考和探究的一种学习方案，换言之，它是一种可以引领学生自学，帮助教师教学的工具。

设计学案，要以学生的学习为出发点，引导学生自主学习。教师要结合学生的实际情况，突出学案的突破口和侧重点，精心设计出针对不同学生的学案。在此过程中，教师必须关注的是，学案如何充分发挥学生的学习主动性，如何引导学生获取知识并提升学习能力，如何鼓励学生勇敢创新和自由发展。学案的制作，需要教师在课程大纲、课程标准和教材内容的框架范围内，遵照教学原理和教育规律，以学生的眼光思考，在充分了解和研究学生情况后，结合学生的认知水平和知识储备进行编写，指导学生参与并完成一系列的问题探求，包括课外预习和课内自学等，以达到知识要点强化和帮助学生学会自主学习的

目的。学案，通常是以一节教材或一个课时为基本单位，教师为配合学生学习而设计的专门方案。具体而言，学案可以分成以下四个组成部分，即学习目标、学习内容概要、当堂检测和课后巩固。学案应该体现和强调学习过程、学习内容和学习方法。学案不仅能够随时考查学生的学习水平，而且有利于师生之间和生生之间的交流和对比，能够最终实现教学相长的目的。

（二）学案导学的含义

学案导学，本质上是一种以“导学”为手段，以“学案”为工具，以教师的指导为辅助，以学生的自主学习为主导，学生和教师共同合作完成教学过程的模式。它重点强调以学生为中心，倡导提升学生自主学习、自主探索、自主发现和解决问题的能力，希望有效地培养学生学会学习、学会合作和学会发展。学案导学并不是一种单纯的教学模式，而是将教学方法、教学手段、教学内容、教学策略和教学评价等各种具体的教学要素融于一体，针对学生实施的一种综合教学研究和指导的新型教学模式，这种模式，完全体现出新课程的理念，使学生对于知识的把握更加系统和全面，不再是被动和片面的学习，而是引导学生主动学习教材，鼓励学生进行独立思考与合作交流。它能够加深教师对学生学习情况的掌握，使教学计划更具目的性和针对性，促进师生之间互动和生生之间互动的深入。

在将书本知识转化为自身认识的同时，提出独特的见解或不同的观点，通过学生和教材之间、生生之间和师生之间的交流沟通，分享彼此的体会，营造自主合作和共同研究的学习氛围。学案的最终目的，就是使教师的教学观念和教学方式更加符合学生的思维，促进学生自主学习，优化课堂教学模式。教师的关注点应该是学生的学习方式，教师的所有教学工作是围绕着学生学习这个核心推行的。教师要根据内容的不同、学生的不同，采用不同的方法，有策略地引导和培养学生，真正做到因材施教，让学生掌握学习的主动权。

二、中学英语学案导学教学模式的背景

（一）社会发展背景

随着社会发展的日新月异，人类社会已进入知识经济时代，这就对学校教育提出了更高的要求。学校教学不能只单一地传授给学生现成的知识，而应培养学生的自学能力，引导学生养成良好的学习习惯，使学生掌握有效的学习方法，切实教会学生如何学习。

学校必须把教育的对象变成自己教育自己的主体，受教育的人必须成为教育自己的人，别人的教育必须成为这个人自己的教育，这种个人同自身关系的根本转变，是今后科学与技术革命中教育面临的最困难的一个问题。这个困难就在于，学校必须改变传统的教育方式，把课堂还给学生，把学习的主动权还给学生。社会发展，必然会使得教育发展，教育发展要求课程改革。课程改革的目标，是要改变课程实施过于强调接受学习、死记硬背、机械训练的现状，倡导学生主动参与、乐于探究、勤于动手，培养学生搜集和处理信息的能力、获取新知识的能力、分析和解决问题的能力，以及交流与合作的能力。教学改革的任务就是要转变教师的教育观念，丰富学生的学习方式，把课程改革的重点从教学方式的变革转移到学习方式的变革上来，这是时代发展与学生学习要求变化的需要。在新课程改革的背景下，需要广大教育者积极探索和实践如何变革学生的学习方式。

（二）学习能力发展背景

如何让学生主动、活泼生动地学习，是贯彻素质教育的一项要求。学生学习能力水平高低，和学生是否能主动学习有直接关系。要想培养学生本身的学习能力，就要让他们对学习内容产生兴趣。换言之，兴趣培养是学习能力得以有效发展的前提条件。有关心理学的研究数据表明，学生对自己感兴趣的学习内容，表现得更为专注、认真，并且在面对困难时更具有顽强的钻研精神。相反，若是学生学习自己不感兴趣的内容，则表现得比较冷淡，缺乏热情，面对困难时往往会失掉信心，缺乏坚持不懈的精神。要促进学生主动学习，就必须激发和培养学生的学习兴趣。此外，学生自主学习能力的发展，也与师生关系是否融洽有关。如果学生热爱一位教师，那么也会热爱这位教师所教的课程，就会积极、主动地探索这门学科的知识。能够促进学生自主学习意识的形成。而学案导学教学模式，正是建立这种课堂师生融洽关系的桥梁。教师可以在学生最需要的时候，为学生指点迷津。

三、中学英语学案导学教学模式的实施过程

教师在完成导学案的编写之后，要将导学案下发给每一位学生，有效地利用导学案展开导学。

（一）自主合作学习过程

自主合作学习这一过程，是在学生在拿到导学案后展开的。教师要督促学生自主、独立地完成这一过程的学习任务。教师要安排专门人员对这一过程的自主学习进行检查，确

保每一名学生完成导学案中要求完成的学习任务。如果遇到一些比较难的题目，经小组讨论都无法得出结论的，教师要事先安排人员进行记录，记录员要及时反馈给教师。教师可以针对每个小组上交的题目，进行换组讨论，或者让组与组之间进行交流与探讨，采取一人代表发言其他组员补充的方式。在这一过程中，教师要尽量作为组织者倾听学生的意见与看法，让学生共同解答问题。同时，教师要对于每名学生的展示方式提出要求，如学生要到讲台上发言、不要有小动作等。

（二）教师引导点拨过程

在学生对问题提出自己的见解与看法后，由于每个学生的经验，以及对经验的观念不同，使学生对于事物的理解存在着某种程度上的差异。其所处角度不同和思维方式不同，都会导致他们眼中的事物存在差异，有时难免出现一些漏洞、疏忽甚至错误。教师要起到点拨的作用，即启发学生不断地向答案的正确方向摸索，直到得出正确答案。有许多问题通过生生之间的交流，可以得到答案。这时，教师要由教学中的主角转向促进学生发展的引导者，尊重学生的人格，关注学生的个体差异，满足不同学生的学习需要，从而建立一种和谐、民主、平等的师生关系。师生关系平等和谐、互尊互爱，有利于营造一种能激励学生探索的良好气氛，让学生感到没有思想负担，敢想、敢说、敢问，有利于创新教育成为可能和事实。

（三）练习巩固拓展过程

学生在学习新知识时，接受力都是非常快的，但是他们并没有完全将其吸收成自己的东西。所以，为了能够使学案导学法更为有效，在教授新知识的过程中，教师一定要设置一定的随堂练习，针对教授的内容进行强化训练。在学生自主学习和教师点拨之后，要由教师出示相关练习题，学生做好后，不仅可以互相批改，而且可以说谁做得最好、应该注意哪些问题等。可以加深新知识在学生脑海中的印象，做到当堂知识当堂消化。此外，教师也可以针对相关内容进行拓展训练。

（四）总结归纳提高过程

在整节课结束之前，教师一定要根据这节课学习的内容进行总结。学案导学教学模式的实施，其优点在于可以大胆地让学生去总结这节课学习的知识。学生可以采取小组总结或自主总结的形式，教师针对学生的课后总结及提出的问题，要及时给予补充、点评和解答，并对课上学习的一些方法进行最终的归纳。这种自我总结、自我归纳的过程，是不断提高学习能力的重要环节。

（五）作业检测反思过程

在课上，学生难免会出现遗忘和遗漏的现象，所以教师要针对学生学习的知识布置相关作业。布置作业的目的在于，让学生复习回忆学习的内容，而不是让教师大搞题海战术。学生要参考导学案进行知识回顾，并通过教师布置的课后作业进行自我检测，对自己的做题状况进行分析和反思。学生不仅要反思为何在做题过程中会出现问题，而且要反思自己的听课状态、反思自己的学习是否认真、仔细等。同时，教师也要根据学生作业的情况进行反思，并及时改进自己的教学方法。

第六章　中学英语教学策略设计研究

第一节　中学英语教学组织策略设计

“教学是有组织的活动，班级教学需要对学生进行组织，通常有班级、小组、个人等不同的组织形式，而且不同组织形式有着不同的策略”①。教学也需要对教学内容、教学活动进行组织，如什么内容先讲，什么活动随后进行等等。显然，中学英语教学设计的组织策略首先是对教学形式的组织，即根据教学目的选择集体授课、小组学习、个人学习等形式实施教学，以实现教学教育目标；其次是对教学内容、教学活动的组织，主要是学习与活动材料的教学顺序和教学活动形式的设计，以帮助学生理解、记忆、掌握、运用所学知识，形成语言能力，实现文化意识、思维品质、学习能力的发展目标。

教学设计要求对教学形式、教学内容、教学活动进行必要的组织，这种组织有着不同的策略。教学组织策略是指教师在一定教学理论指导下，根据对具体教学任务以及教学情境的理解和认识，为实现教学目标、达到合理的教学效率，对教学形式、教学内容、教学活动的选择、安排进行设计的系统行为。

一、中学英语教学组织形式设计

在当代教育实践中，教学组织形式有四种基本形式：班级教学、小组教学、个人学习、网络组织形式。班级教学是教师向一个班级的学生传递教学信息的教学组织形式；小组教学是教师通过组织班级内的学生形成不同的小组传递和分享教学信息的教学组织形式；个人学习是教师指导学生个人根据学生自己的选择接受和获得教学信息的教学组织形式；网络组织形式是基于信息技术尤其是互联网技术发展带来的新的教学组织形式，学生可以与计算机进行互动学习，也可以与同一网络空间的同伴组成虚拟小组、班级进行学习，当然也可以与实际小组、班级同学在网上进行互动学习。

个人学习是人类历史上最早出现，也是最本质的学习形式。随着人类的社会化分工，

① 鲁子问. 中学英语教学设计［M］. 上海：华东师范大学出版社，2019：100.

教学需要强调规模效益。在班级教学中，教师可以根据不同的学习风格、学习基础等，把学生分成若干小组，进行教学。

在具体的教学中，我们往往会根据学生情况、教学内容等，综合使用三种不同的组织形式，因为，教学的这三种组织形式各有所长，也各有所短，适合使用的条件和对象也各不相同。

在英语课堂教学中，我们讲解课文或说明语法内容时，通常会采用班级授课的方式；在组织任务实施时，我们通常会将学生分成小组；而对于需要记忆、背诵的内容的学习，我们只能依靠学生自己个人的努力去完成。

当然，我们应该根据教学需要，最大限度地使用不同的教学形式。以小组教学为例，我们应该尽可能根据教学目标，将学生分成小组。若任务需要不同能力学生的配合才能完成，我们应该根据学生能力水平，把不同能力的学生分在同一小组，而不是把同一能力水平的学生分在同一小组。但若任务是需要同一能力水平的学生才能完成，就自然应该根据学生水平分小组。

只有一切从学生实际出发、一切从学习目标出发，我们才能最大限度地选择恰当的组织形式。课堂教学活动是最主要的学校教学活动，与课外活动相比较，其目的性更强，学习效率更高。根据中学英语课堂教学活动可分为知识与技能的展示与呈现、语言知识与技能训练、语言应用实践及策略、学习评价等环节。这些环节可以根据具体的教学要求，按照不同的顺序展开，而且常常在课堂教学中交替进行。此处从班级教学活动组织策略、小组教学活动组织策略、个人学习活动组织策略、网络学习组织策略等方面进行说明。

（一）班级教学组织策略设计

班级活动组织策略是指为完成特定教学任务把一定数量的学生按年龄与知识程度编成固定的班级开展的一系列教学活动组织形式。在班级组织授课中，同一个班的每一个学生学习内容与进度必须一致，班级组织活动注重集体化、同步化、标准化，其最大优点是效率提高，便于统一管理、统一教学、节约资源等；而缺点是不能照顾到学生的个别差异，不能对学生进行个别指导，不利于培养学生的兴趣、特长，不利于发展学生的个性。因此，教师在组织班级活动教学过程中应充分运用其优势避开其缺点。中学英语教学属于语言教学，教师在教学过程中更要利用其特点。

班级教学是中学英语教学的最基本形式，但中学英语教学需要针对个人的学习成效检查与学习指导，甚至示范，同时很多活动可能以小组形式展开。所以，班级活动本身也包括班级活动中的小组活动、个人学习活动。尤其是在班额较大的时候，班级教学更需要通过小组活动、个人学习等，达到预设的教学成效。

（二）小组教学组织策略设计

小组教学打破传统的年龄编组方法，按学生能力或学习成绩、学习风格、学习优势等的异同进行分组教学，目的是解决班级授课不易照顾学生个别差异的弊病。

分组教学类型主要有：能力分组、作业分组、优势分组、风格分组等。能力分组是根据学生的能力发展水平来分组教学的，各组课程相同，学习年限各不相同。作业分组是根据学生的特点和意愿来分组教学的，各组学习年限相同，课程则各有不同。优势分组是根据学生完成学习任务所需的优势，进行合理的分组，包括相同优势小组、不同优势小组等。风格分组与优势分组相同，即根据学生完成学习任务所需的风格，进行合理的分组，包括相同风格的同质小组、不同风格的异质小组等。

分组教学一般有内部分组和外部分组。内部分组是在传统的按年龄编班的班级内部，根据学生能力或学习成绩的发展变化情况分组教学。外部分组是在班级外部根据两种情况进行分组，一种是在新生入校时按考试成绩分班；另一种是对已学习了一定年限的平行班的学生重新按现时的考试成绩分班，然后开设不同层次的课程，如英语 A、英语 B 等。

分组教学最显著的优点在于它比班级上课更切合学习个人的水平和特点，便于因材施教，有利于人才的培养。但是，它仍存在一些较严重的问题，一是很难科学地鉴别学生的能力和水平；二是在对待分组教学上，学生、家长和教师的意愿常常与学校的要求相矛盾；三是分组后造成的弊端较大，导致学习困难学生的学习积极性受损。合理的分组教学的组别设计，应该是分目标的组别，而不是分成绩的组别。

小组学习的关键在于开展合作，而不是小组内的个人学习。合作学习是一种教学活动和教学策略体系，是教师以学习小组为单位组织教学的一种手段，通过指导小组成员展开合作，发挥群体的积极功能，提高个体的学习动力和能力，达到完成特定教学任务的目的。小组合作学习一般包含五个基本要素：根据学习目标需要进行编组，确定小组共同目标与组员个人目标，小组成员之间形成积极互动，但每个成员承担相应个体责任，在活动过程中和最后进行小组评价。

1. 小组组建

小组组建就是指在组建合作小组时，应按“组内异质、组间同质”的原则进行分组。所谓“组内异质”是指合作学习小组必须是由两名以上学生（通常是 4~6 人）根据性别、学业成绩、守纪状况等方面的合理差异而建立的相对稳定的学习小组，以保证组内各成员之间的差异性和互补性。“组间同质”是指各小组的总体水平要基本一致，从而保证各小组之间公平竞赛的开展。小组合作学习这种“组内异质、组间同质”的分组原则，一方面使得各异质小组的构成达到合理配置；另一方面又使各小组处于大体均衡的水平上，增强了小组优胜的信心，促进了组内成员对学习任务和学业竞赛参与的积极性和主动性，有利于学生主体能动性的发展。

2. 设置小组目标

合作学习以小组为主体来设置目标，并以此保障和促进课堂教学的互助、合作气氛。小组的共同目标把小组内部每一个成员的个人利益与小组的集体利益统一起来。为了达成一个共同的目标，小组内的每一个成员必须通过分工合作、角色轮换、集体奖励等手段，创造和谐有效的学习环境和依赖关系。

3. 积极沟通

合作学习中学生以小组为单位开展学习活动，在没有教师直接管理的情况下进行学习，小组成员相互依赖，相互沟通，相互合作，共同负责学习某些材料，从而达到共同目标。在全体组员所认同的角色目标下，每个成员承担不同的角色和子目标，为了小组的成功，小组成员不仅要对自己的学习活动负责，还要对小组的其他成员负责，实现共同发展。

4. 明确角色定位

在合作学习中，每一个人都被视为完成学习任务不可缺少的个体，小组成员必须明确自己在小组合作、实现目标中的角色定位，承担起自己的责任。这种责任承担主要体现在两方面：一是做好自己在组内分工的任务，因为这份工作成为实现小组学习目标过程中不可或缺的一环；二是在做好本职工作的同时，积极主动地协助他人，因为在小组合作学习中，没有个人的成功，就没有小组共同目标的达成。

5. 进行小组自评

为了保持小组活动的有效性，合作小组必须定期评价小组成员的活动情况，这就是“小组自评”。在进行小组自评时，至少应包含如下内容：总结有益的经验，对小组活动中存在的问题和原因进行分析，对小组的发展方向和目标提出明确的要求。

（三）个人学习组织策略设计

个人学习活动的组织策略就是指在教学中根据学习者个体差异选择特定的教学方法，为完成一定的教学任务而采取的教学与管理方法。个体的差异包括生理和心理上的差异，情感和非情感方面的因素影响着个体学习效率。尊重个体差异，因材施教，是促进教学成效提高的重要途径。

个人学习的关键在于自主学习。自主学习强调应根据自主学习的理念为学习者创建支持性的学习环境，使学习者学会自我管理和自我评价，逐渐成为自主学习者。因此，为学习者创设和谐、互助、自主的环境是自主学习教学过程的核心部分。促进学习者知识和能力的发展。由于自主学习教学过程能够促使不同的人获得不同的发展，开展差异性教学，可激发和增强学习者的学习兴趣，有利于学习者主体作用的充分发挥，能较好地实现教学的情感目标。

在自主学习活动组织教学中，教师鼓励学习者采用不同的学习途径或方式，不强求一致，尊重并帮助学习者发展自己个性化学习的途径和方式。每个学习者的认知风格各有不同，有的学习者喜欢独立思考，表现为具有场独立风格（Field independent）的学习特点，而有的学习者则更愿意与他人交流，表现为场依存风格（Field dependent）的学习特点。同一个问题的解决，学习者可以通过独立思考的途径，也可以通过学习者之间合作交流的途径。同一个观点的认同，学习者可以选择接受式学习方式，也可以选择有意义的发现式学习。

自主学习并非指学习者根据学习材料自学。事实上，自主学习教学模式提倡以合作交流为特征的小组教学。通过小组教学，学习者作为学习活动的积极参与者，在与他人的积极合作过程中，不仅能够实现信息与资源的共享与整合，使自我认知能力得以扩展和完善，而且还能够培养学习者的合作精神和群体意识。例如，教师在设置问题时，应向学习者提供符合学习者的认知能力水平、有针对性、有层次的问题情景，鼓励学习者主动探索，从不同的角度探究问题中可能隐含的条件和规律，然后在组内交流各自的想法。这样，才能培养学习者独立思考的好习惯，才能达到小组教学的良好效果。

从学习者的全面发展要求看，自主学习教学组织策略应注重教育学习者学会学习，培养学习者能够科学地提出问题、探索问题、创造性地解决问题的能力。在自主学习教学过程中，教师并非旁观者，在向学习者介绍新材料或新任务、提出新问题时，教师应起到学习活动组织者或引导者的作用。在开展学习活动时，教师应起到合作者和促进者的作用，在参与学习活动的过程中，发现学习者理解问题的角度、深刻程度以及存在的问题，并适时介入，或肯定学习者在讨论中所持的正确的观点，或引导学习者的讨论活动。当发现学习者遇到困难时，教师就成为点拨者，帮助学习者排除思维过程中的障碍。同时，教师要起到心理咨询者的作用，引导学习者学会倾听、理解、分享，鼓励学习者不断树立参与学习活动的信心。教师还要起到发现者的作用，善于发现学习者提出的富有创意的见解或独具特色的问题解决方式。

思维情境是激发学习者自主学习兴趣的动力源。自主学习教学过程要求教师根据学习者的认知水平、已有的知识和学习体验，设法挖掘学习者原有知识和课本内容之间的联系，并将课本中的结论性知识重新组织成能够得出这一结论的、具有科学性特征的语言信息。这种具有知识性、趣味性和讨论价值的可学习特征的材料，如果能够引发学习者好奇心，贴近学习者的知识和体验，落在学习者最近发展区，那么学习者就更容易入情入境，对学习活动产生浓厚的兴趣和强烈的探索欲望，那么自主学习行为的产生也就成为可能。

（四）网络学习组织策略设计

基于信息技术发展，尤其是互联网技术的发展，学习可以在网络进行。基于网络技术建设的外语学习空间，能记录学生学习的全过程，通过人机互动，建构自适应学习过程，还能为外语学习创设真实外语语境。

学生基于网络进行学习，学生自己与计算机的人机互动，计算机对学生的基本信息、学习过程的记录、分析、处理，然后是学生与网络的互动，学习网络呈现的教学内容，开展相应活动，完成所分配任务等。

学生基于网络的学习，更是与网络同伴、网络教师的互动，是在网络空间的学习，这种学习更能够适应学生的不同需求、不同兴趣等，学生可以非常便捷地基于相同学习要素组成虚拟学习小组、班级，也可非常便捷地基于不同学习要素进行组合，从而可以进行更个性化的学习。

网络组织形式还在快速发展之中，移动互联网的发展将为网络这种教学组织形式带来更大的变革与更加丰富的可能。

二、中学英语教学内容组织策略设计

教学内容是教学的基础，中学英语教学内容包括发展学生语言能力、文化意识、思维品质、学习能力等各方面内容，尤其是语言知识、语言技能等显性内容。中学生的思维主要是形象思维，而以观察、发现、归纳语言规则为主的语言知识教学，需要更多的抽象思维。基于中学生的形象思维进行语言知识教学，显然需要对语言知识进行非常合理的组织。基于研究与实践，中学英语教学内容的有效组织策略主要包括有机整合组织策略、支架式组织策略。

（一）有机整合组织策略设计

中学英语学科教育属于中学教育的一个学科，既具有中学教育的整体性，也具有学科的整体性，不能也无法从中学教育中切分出英语，也无法从英语教育中切分出教育。同时，语言自身也具有整体性，语言运用是对所需语言知识、语言技能、语言能力的整合，也包括对语言相关的文化、思维的整合，因为没有任何语言运用的形态只是某一种知识、某一种技能的运用，而是多种知识与技能的整合，以及与相关因素的整合。即使是学习朗读字母 A，也需要字母知识、语音知识与听、读（朗读）、看的技能的整合，朗读字母 A 则包括了字母、语音、词汇、语法知识，以及听、说、读、看的技能，以及对文化、思维、学习能力的整合。

整合学习（Integrative learning）有着不同层次的内涵。在教育层面，整合学习是指不同教育领域、不同经验世界、不同学科课程的整合。在英语学科，基于课程标准的表述，整合学习是指：学生在主题语境中，基于语篇，通过语言技能活动，运用学习策略，获得、梳理、整合语言知识与文化知识，理解与赏析语言，比较与探究文化，评价与汲取文化精华。

根据英语课程标准的解读，英语课程中的整合学习是一种为了有效促进学生英语学科核心素养发展，基于学生英语学习机制与学习需要的学习路径，在整合学习中，学生在主题语境中，基于语篇，通过开展语言技能活动，运用学习策略，获得、梳理、整合语言知识与文化知识，理解与赏析语言，比较与探究文化，评价与汲取文化精华，实现核心素养发展目标。主题、语篇是整合学习的语言条件。开展语言技能活动，获得、梳理、整合、运用语言知识与文化知识，运用学习策略，理解与赏析语言，比较与探究文化，评价与汲取文化精华，是整合学习的具体活动。学习活动要基于主题、语篇提供或设定的语言条件。

英语课程的整合学习不是六要素的全部整合，而是根据学习需要进行的有机整合，但主题与语篇是基础。阅读之中可能整合阅读技能、听说技能、写作技能，可能整合学习策略，但也有可能没有整合语言知识学习，甚至可能没有整合文化比较与探究。有机整合的关键在于学生学习需要。

从层次而言，英语学科的整合学习也可以分为：跨领域的整合（学校与社会等）学习、跨学段（小初高大）的整合学习、跨学年与学期的整合学习、跨教材的整合学习、跨单元与单元内跨板块与技能和活动的整合学习、跨素养的整合学习，等等。实际教学之中，更多也是更需要我们大力实践的，是基于主题与语篇的跨要素的整合学习，尤其是将语言知识与技能整合到主题与语篇之中的整合学习。

英语课程的整合学习的整合是有机整合。对于教学内容进行有机整合的具体方式有学习目标、学习机制、课文与学习活动三种。

1. 学习目标

学习目标是有机整合教学内容的基础，无论是知识目标、技能目标、语言综合运用目标，还是文化意识、思维品质、学习能力的目标，都以学习内容为载体，通过学习某一内容实现某一行为或态度的变化。

语音是运用语言在口头交际中传递信息的媒介，或者说，语音是语言的外壳，是整个语言学习的重要基础，学习者的语音水平对于其听、说、读、写、译各项技能的发展都起到直接或间接的制约作用。因此，语音教学是英语教学过程中一个至关重要的环节，在相当程度上决定了学习者在英语学习方面的发展。不过，语音教学从来不是单独的音的教学，而是基于语词、语句、语境的教学，是与语言技能，甚至文化意识、思维品质、学习能力有机整合的教学。确定中学英语语音学习目标，必须整合音素、音标、词汇、句子、语义、语用各个层面的相关知识，而且并非单指关于音素和音标的知识，而是应该把音素、音标、词汇、句子、语义、语用各个层面综合考虑，同时整合所需语言技能，以及文化意识、思维品质、学习能力。不能只是进行重音教学，而应整合进行文化意识（合理获得财产）、思维品质（如何获得财产，这些财产是如何获得的），即使是重音教学，也要与听力理解能力、口头表达能力、人称代词理解与运用进行整合。

语词是语言的基本要素，是组成句子的基本单位。语词包括音、形、义三个结构要素，学习和掌握语词的音、形、义三个要素并能在交际活动中灵活运用语词的过程，是一个复杂的心理认知过程。语词教学包括意义、用法、使用策略等方面的内容，文化与思维更是语词教学的重要内容，而词汇学习能力是决定很多中国学生英语学习成效的关键。

中学英语的语词教学设计要明确语词学习的目标。首先要合理确定词汇量的目标，在语词教学中基于语言运用的目标，同时考虑语词的文化、思维因素和学生的学习能力因素，合理地确定语词学习的目标，这样可以大幅度提高语词教学的有效性，降低语词教学的难度，尤其是记忆单词拼写形式的难度，也能提高学生的语词运用能力。

在确定以上目标之后，我们可以选择词汇图、单词闪卡、词汇学习软件等不同形式，使学生整合教学内容的各个方面，进行有效的语词学习。

语法是语言学习的重要组成部分，掌握语法知识可以帮助学习者认识语言的规律，主动、积极地学习语言。学习者掌握一定量的语法知识可以加速其对新语言材料的理解，也可以监控、纠正语言的输出，为准确表达提供可靠保证。

基于中学生的认知能力，中学英语语法教学应主要采用归纳、发现、基于意义或运用的语法教学方法，而不宜采用重复训练等机械的语法教学方法。语法教学应强调学生形成明确的语法意识，观察与发现近似结构的语义和语用差异等。这显然要求在语法教学中发展学生的思维品质。

2. 学习机制

学习有着内在机制，外语学习尤其如此。在对教学内容进行有机整合设计时，我们还应基于英语学习机制进行相应的整合。语音学习有着自身的学习机制。语音学习中语言能力与文化（英汉语音差异等）、思维品质（通过比较发现差异，发展思维的准确性等）、学习能力的整合。

对于中国学生而言，单词的词形与读音记忆是一大困难，因为英语是拼音文字，同时英语的拼写也不是完全规则的，而是由于语言历史的原因形成了同一语音不同拼写形式的现象。不同学习风格的学生有着不同的记忆规律，我们应该基于学生的学习风格，引导他们掌握不同的记忆方法和策略。可以引导学生基于单词的不同文化内涵记忆单词，运用拼读规则、词汇图等记忆单词。显然，这是有机整合的单词记忆的学习。

中学生的英语学习中存在直观性机制，我们可以基于此进行整合。直观性就是指利用实物或教具展示物质名词，利用动作展示动词，利用面部表情或体态动作展示表情词语等。同时，教师还应当引导学习者通过分析阅读或听力材料，自主领悟和推理单词的用法，将语词教学与技能教学融为一体。直观也可以用于语法教学，用时间轴进行时态教学，就是非常有效的直观的时态教学。在直观学习中，可以整合语言学习、各种直观形态的文化差异、观察发现的能力、学习能力等。

语法是语言系统的体现，语法教学也必须符合系统性原则。系统性原则要求语法教学依据教材中的语法系统，同时也要符合语法发展的规律，即语法知识的选择应符合现代交际的原则，满足交际的需求，而避免一些交际中较少使用、为语法而语法的教学设计。

语法教学应注重活动的多样性、话题的多样性、课堂组织的多样性、评价方法的多样性以及教师指令的变化性等。例如，归纳法与演绎法相结合，归纳法更有利于鼓励学习者积极探索，以发现规则，以满足他们探求知识的欲望，形成学习的内在动机；隐形语法教学与显性语法教学相结合，以隐性教学为主，适当采用显性教学，通过隐性教学培养学习者的语言使用能力，通过显性教学增强语法意识；语法教学与听、说、读、写活动相结合，语法应服务于听、说、读、写各项技能，语法教学应该在听、说、读、写的活动中培养，以实现服务于交际的目的。这既可整合语言能力，也可整合思维、学习能力，以及英语与汉语语法差异等文化内涵。

中学生的英语学习有一个非常难得的特征：兴趣。所以，趣味性也是中学英语教学内容有机整合的有效路径。教师可以根据不同学习阶段的学习者的特点，采用游戏、竞赛、绕口令等方式，或借助动画、图片、录像等教具，增加英语学习的趣味性，以不同教学内容的趣味性，进行有机整合，尤其是当语言内容缺乏趣味性时，可以用漫画、视频等形式，文化差异等内容，思维品质等活动，使语言学习活动本身具有趣味性。

学习动机是开展一切学习活动的保证，为了激发学生学习英语的动机，英语教学中要注意选择恰当的语言内容，尽可能创设真实的语境，以适合学生的年龄、认知能力与语言水平，要尽量与学习者的生活经历有联系。

3. **课文与学习活动**

语言学习离不开语境，语言运用能力发展更离不开语境。语言不是单纯的知识，教师应将语言教学置于特定的运用语境之中，让学习者领会、分析语言的含义，将所学语言用于语言运用活动中，巩固所掌握的学习内容，以准确传达自己的语用目的。课文是最重要的英语学习中的语境，它不仅深度地呈现语言运用，而且可以让学生形成深刻印象。我们要抓住课文语境，进行英语教学。

（二）支架式组织策略设计

任何学习都是从已知到新知的过程，这一过程要求我们合理地搭建梯子帮助学生通过学习从已知到新知，这样学生才能基于有限的课时掌握所学内容。这种为学生的学习搭建梯子的方法就是支架式教学。支架式教学（scaffolding instruction）就是先建立情景以使学生容易成功开始学习，然后随着学生逐渐熟练，教师渐次撤除支架，交由学生自主学习的过程。

支架的搭建，要基于学生的最近发展区（zone of proximal development，ZPD），也就是学生现有发展水平与即将达到的发展水平之间的发展区域。学生独立解答问题时反映的是他们现有的发展水平，而在老师的指导下或与能力更强的同伴合作下完成问题所体现的，是学生即将达到的发展水平。因此，支架式教学就是利用最近发展区进行教学，这也就意味着支架式教学因为给学习者提供了相应的支持，而使其获得比独立学习更高的发展水平。支架式英语教学可以使用六种教学支架方式：①提供学习模板或范例；②桥接新旧知识与认识；③基于学生经验背景提供教学内容情景；④帮助学生建构图式；⑤通过改写、改编、表演等形式重组课文；⑥发展元认知学习策略。

支架式教学需要特别注意的是，教师不仅要为学生的学习搭建支架，还要帮助拆除支架，在语言运用中不依赖支架。教师应该注意引导学生在掌握语言之后拆除事先搭建的支架。支架式教学在教学实践中广泛存在，但需要更加系统、有效地使用。在中学英语的写作教学中，普遍使用的基于范文的写作，本质上就属于支架式教学，不过，什么样的范文适合本班学生、是否需要先分析范文、是否需要进行范文与学生作文的比较分析等等，则需要教师基于学生的需求更加有效地运用。

支架式组织策略告诉我们，中学英语教学内容的组织不能单纯考虑教学内容、教学目标本身，更要充分考虑学生已有语言能力，要在学生现有水平基础上设计支架。支架的密度也是需要考虑的，不能过多、过密，也不能过少、过疏。

三、中学英语教学活动组织策略设计

教学活动是教学的抓手，教学目标需要通过教学活动实现。中学英语教学活动的组织策略就是选择教学活动，按照促进教学目标实现的顺序安排活动，在需要时为主要活动辅之以相应的活动的策略。需要特别注意的是，活动组织策略不是组织学生开展、实施活动的策略。

（一）认知驱动的活动组织策略设计

学生的学习是一种认知发展活动，学习过程也就是认知发展的过程。以认知发展为基础，驱动整个学习活动的开展过程，既符合认知规律，也符合学习规律。认知驱动的活动，可以按照学习前的认知准备、学习中的认知发展、学习后的认知巩固强化进行组织。

在认知发展过程中，学习前阶段是学生的认知准备阶段，通过教师的教学准备（教学分析、教学设计等）、学生自我准备（课前学习微课的学习、学习活动所需资源与材料的准备等）、课堂上的复习预热准备等。这一阶段包括课堂教学之前的一切准备活动，也包括课堂教学中开始学习新的语言内容之前的导入、复习、激活等活动。这一阶段对学生新的认知发展所需基础的准备是否到位，决定着随后的学习中的认知发展能否顺利进行。

学习中的活动是认知发展活动，学生学习新语言，形成语言能力发展，同时形成文化意识、思维品质、学习能力的发展，从而实现认知发展目标。这一环节一般是在课堂内进行，但也可以是学生在课堂之外的自我学习活动。在这一阶段，教师进行知识呈现、讲解，引导学生进行训练，学生通过学习掌握语言内容，形成运用能力。

认知发展是需要学习后的巩固强化，从而形成稳定的认知能力。这一阶段是学习新语言之后的巩固、运用阶段，这一阶段应该是课堂之外的运用活动阶段，因为课堂内的活动本质上都属于学习阶段的活动，即使是课堂内的运用活动也是促进学习的运用活动。

（二）任务驱动的活动组织策略设计

课堂学习活动对学生而言是来自外在世界的任务，所以，任务本身具有一定的外在性，这使得任务不同于认知发展。任务驱动的活动过程可以使学生围绕完成某一既定任务而学习，从而使学习效率更高。

任务驱动的活动过程是一种以具体的学习活动作为学习动力，以完成任务的过程为学习过程，以展示任务成果的方式来体现教学效果的教学过程。因此，任务教学过程强调引导学习者完成真实的学习任务积极参与学习过程的重要性，倡导以语言运用能力为目的。

目前我国外语教学在学习方式、时间限制、生师比例等方面的特点，对于处于基础阶段的学习者而言，切实可行的任务教学的课堂教学程序是任务的设计、任务的准备、任务的呈现、任务的开展、任务的评价五个阶段。

在任务设计阶段，教师应首先确定学习任务必须是有意义的，必须有真实的语境和真实的交际目的。同时，学习任务的设计应该具有一定的层次性，既包括简单的对话练习，也包括类似引导学习者根据听力理解完成图表内容这样较复杂的任务，兴趣是学习行为的驱动力，可以转化为学习动机，而动机的强弱与学习者参与学习活动的强度成正比。参与任务的兴趣只有转化为参与动机，才能变成实际的来自心理的参与力。因此，学习任务必须要能够引起学习者的兴趣。

任务准备阶段是指在学习者学习新语言之后，运用所学新语言完成任务之前，教师向学习者介绍完成学习任务所需要掌握的语用知识，强调语言表达过程中的正确性（Accuracy）和得体性（Appropriateness），目的是为接下来的任务完成做好准备。从教师角度而言，语言使用呈现的关键就是促使学习者理解完成学习任务所需要的语用要素。要做到这一点，教师自己必须要把握好教学内容的语用内涵，并根据任务的需要加以准备。

在教学实施过程中，语言运用的呈现通常跟在语言学习之后，以引导学习者发现、教师提示、教师讲解或师生合作归纳等方式进行。尤其是那些难以把握或学习者自身难以察觉的语用内涵，教师要采用详细讲解、生动演绎的方式进行，以便于学习者准确把握相关的语用内涵。

在开展学习任务的过程中，教师应认识到任务的教学目的与任务的结果并不相同，认识到这一点对于开展真实运用任务和真实学习任务都是至关重要的。从学习者角度看，不论是一个真实运用任务还是一个真实学习任务，完成任务的目的就是达成任务的结果。从教师角度看，更重要的是任务的完成是否达成教学目的，换言之，真实运用任务的完成是为了引导学习者接受语言意义或运用所学语言功能，而真实学习任务的完成是引导学习者掌握某一（些）语言形式指向现实世界语言运用的有关知识、技能，以培养学习者在现实世界中运用语言的能力。

在任务评价阶段，教师通过观察、讨论、问卷等形式，引导学习者对学习过程加以反思，即对任务完成过程进行有意识的反思，例如，对照任务的目的反思任务的完成情况如何、关注学习者对所出现的语言形式是否掌握等。

（三）兴趣驱动的活动组织策略设计

对于中学生的英语学习，兴趣是中学生最大的学习优势因素之一（对一些中学生而言，升学可能是比兴趣影响更大的学习优势）。在基于兴趣的学习过程中，学生的学习焦虑低、成效高。所以，可以基于学生的兴趣组织活动的开展。

采用问卷、观察等方法，调查发现学生的真实兴趣，然后基于学生兴趣，设计符合学生兴趣的课堂学习活动，或者让学生按自己的真实兴趣组成不同的兴趣小组，开展兴趣小组学习。

由于英语学习年限较长，可能一部分中学生已经失去了对英语学习的兴趣，或者兴趣降低。需要采取“把已有兴趣英语化”的方法，基于学生已有兴趣（如篮球）开展英语活动（如播报篮球新闻、阅读篮球名人故事等），然后逐步将学生兴趣迁移到英语学习上。兴趣的呵护、强化需要时间，而中学英语课堂学习时间有限，需要大量的课外活动。所以，兴趣活动必须延伸在课外活动之中。

课外的语言学习活动，如与英语母语者交谈、看英语电影与电视节目、阅读英文文学作品、用英语写电子邮件等，是实现英语教学目标不可或缺的补充性教学活动。通过组织丰富多彩的课外活动，学习者更加理解所学的语言知识和技能，并自觉地将所学知识和技能加以应用，培养自身的英语交际能力。

课外活动组织分为大型的课外活动和小型的课外活动。戏剧表演是可以定期开展的大型的课外活动之一，用来巩固和评价所学语言知识和技能。这类具有创造性特点的课外活动非常有利于发挥学生的主观能动性，同时还能促进学生之间的团结与合作。开展英语歌曲比赛、英语故事会、英语角，办英语报刊或手抄报等带有综合性特点的实践活动也属于大型的课外活动，为学生运用所学语言知识和技能提供了很好的机会，学习者相互合作，有利于培养学习者的集体荣誉感。

开展这类大型的带有综合性特点的实践项目都应该有一个主题、明确的活动步骤方案、相应的图示和文字说明。由于开展这些活动的目的是巩固已学知识和已经形成的语言技能，因而，这类活动应定期开展，而且安排时间也要适当，通常安排在期中、期末进行，也可以安排在学习者专门举办的英语节、艺术节等活动期间。而且，参与者是否使用英语是对学习者的表现或作品的重要评价标准之一。

第二节　中学英语教学传递策略设计

一、中学英语教学传递策略的接触设计

“语言接触（exposure）指在语言学习过程中，学习者接触作为学习目标的语言内容

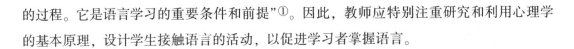

的过程。它是语言学习的重要条件和前提”①。因此，教师应特别注重研究和利用心理学的基本原理，设计学生接触语言的活动，以促进学习者掌握语言。

（一）语言接触策略设计

语言接触首先接触的是语言内容。学生所接触的语言内容的广度、深度与时间频度，决定着语言接触的成效。

学生接触的语言内容的广度直接影响学生语言接触活动的成效，因为语言本身具有使用的无限可能，学生接触得越广，越有助于学生在自己所需语境运用所学英语。有助于发展学生的文化意识（如英语书写的特点与审美特征）、思维品质（如外在形式的差异与本质的相同等）、学习能力（选择自己喜欢的字母书写形式抄写字母，更有助于自己记住字母书写等）。

若只是让学生接触教材，显然不能形成有效的英语语言接触，因为由于各种原因，我国中学英语教材容量有限，无法呈现丰富的语言内容。语言内容的深度也影响着语言接触的成效，因为，只有深度的理解，学生才能真正把握英语语言的特质，以及所学内容的语用内涵等要素。

课文是形成语言深度接触的最有效内容，因为，课文大多是经过认真编写的语言材料，而且学生需要花一定时间学习课文，从而形成深度的语言接触。时间频度是促进有效接触的关键。我国学生英语课堂之外接触英语时间少，而英语学习本身需要足够的时间，所以我们要设计足够时间频度的接触活动。我们可以设计每天的校园英语广播，在校园里设计英语标语，每天坚持英语阅读，每周定期开展英语课间活动等，同时在内容上进行必要的设计，让同一内容在一定时间经常出现，让学生经常地接触到所学英语，从而形成有效接触。

（二）语言接触活动设计

语言接触活动的设计应符合语言学习的基本规律，这样才能保证学生在接触英语时所接触的是可理解的，而且有助于接触之后吸收和产出。

听、说、读、写是人类使用语言开展交际活动所需要的主要技能，同时，也是人类认识世界、获取知识、发展自身能力、相互交流情感必不可少的重要途径。从英语教学角度来看，培养学习者听、说、读、写英语的能力成为英语教学的主要目标，而且，以上各种技能必须全面发展，不可偏废。事实上，作为言语交际活动的方式，听、说、读、写各项

① 鲁子问. 中学英语教学设计［M］. 上海：华东师范大学出版社，2019：114.

仅能相互联系、相互依存。但是，听、说、读、写各种言语活动也有它们各自的特点，教师应结合教学实践设计相应的语言接触活动，提高教学的针对性。

1. 听的语言接触活动设计

听不仅是接收和理解声音符号信息，更是积极思考、重组语言信息、创造性地理解和吸收信息的心理语言过程，涉及学习者的认知、情感因素。因此，设计让学生接触的听的活动时，应注意以下方面：

（1）听力材料的真实性。真实性指听力材料的语言要力求真实、自然、地道，反映出英语母语者使用语言的习惯，具有真实交际意义。

（2）听力材料的可理解性。可理解性指听力材料作为语言输入在难度上以学习者现有的知识结构为基础，但又稍微高出现有能力的特点。

（3）听力材料的多样性。多样化指听力材料的题材和体裁多样化，目的是促使学习者接触丰富多彩的语言，尤其是英语在不同交际场景中的使用。为了扩大语言输入量，教师应结合教材内容，为学习者补充适当的辅助听力材料。

（4）学习者的语言知识、背景知识水平。教师应意识到语言知识是听力理解的基础，听者必须具备一定的语音、词汇、语法知识。同时，学习者还要对听力材料中涉及的人物、生活方式、价值观等方面的背景知识有所了解。

（5）学习者的情感状态。学习者的学习动机、自信心、焦虑等情感因素直接影响听力理解水平，教师应帮助学习者充满自信，以轻松、愉快的心理去听，提高听力效果。

2. 读的语言接触活动设计

读是人类书面交际活动的基本方式，即通过视觉感知语言符号获取书面信息的行为，更是从视觉感知语言符号到完全理解书面材料的意义的过程，也是与语言知识、文化背景知识、个人经验等相联系的认知加工过程。时代的发展，尤其是计算机技术的广泛应用，大大促进了信息的交流，英语阅读愈加凸显出其交际活动的本质特点。因此，在设计让学生接触的读的活动时，应注意以下方面：

（1）阅读材料的真实性。真实的阅读材料往往为本族语者所用，如英文报纸、电视、电影中的英语使用材料等，非真实的阅读材料指专门为学习外语的人设计的，特别考虑了词汇和语法知识等（如精读材料）。介于两者之间的阅读材料尤其适合外语环境下的学习者，这类材料既兼顾真实性，又考虑到学习者的语言水平，非常有助于提高语言水平和语言技能，为今后阅读理解真实的材料做好充分准备。

（2）阅读材料的可理解性。阅读材料的可理解性指语言信息输入稍稍高于学习者目前的知识水平，旨在传递语言负载的信息，帮助学习者获得交际性阅读技能。真实性与可理解性并非完全对应；真实的材料未必可理解，可理解的材料未必真实。尤其是对初学者而言，材料既应真实，又要具有可理解性，才能有效提高学习者的阅读技能。

（3）阅读材料题材的广泛性、知识性和趣味性。阅读材料的题材应广泛，文章内容包括不同的知识范畴和文化背景，教师引导学习者了解和掌握不同体裁、题材的作品。同时，阅读材料内容应新颖、有趣，以激发学习者的学习兴趣，提高学习动机，调动他们积极的思维活动。

（4）学习者的语言水平。阅读过程始于视觉感知语言符号，学习者必须掌握一定的语音、词汇、语法等语言结构知识。学习者的背景知识和个人经验构成了认知图示，图示知识与语言结构知识共同形成了学习者理解所读内容的前提条件。

（5）学习者的情感状态。兴趣是影响学习者阅读能力的重要因素之一，学习者的阅读兴趣愈高，其阅读量愈大，阅读面愈广。为培养学习者的内在阅读兴趣，阅读材料的选择必须难度适当，力求知识性与趣味性的统一，以帮助学习者在提高语言知识的同时，充分享受到阅读带来的愉悦。

二、中学英语教学传递策略的吸收设计

外语学习过程中语言接触与语言吸收（intake）有着本质区别，语言吸收是指学习者在接触作为学习目标的语言内容后摄入目标内容的活动过程。作为接触的语言，如果语速过快或呈现速度过快，或者因为难度过大，学习者不能理解全部的语言，那些无法理解的语言就不能帮助学生吸收语言。常见的促进语言吸收的有效策略有易上手支架、适度负荷等。

语言的吸收需要有学生容易上手的支架，让学生在吸收一开始就能顺利吸收所学内容，这种支架的作用就相当于我们喝饮料的吸管。易上手支架英语基于学生的现有水平设计，应符合学生认知与生理特征。中学生的英语语言吸收活动的易上手支架，还需要考虑到学习内容的容量，学习内容不能超出学生的吸收能力。

对事物的深刻印象有助于理解、记忆，语言吸收也是如此，让学生对所学语言形成深刻印象，尤其是长期深刻影响，非常有助于学生吸收所学语言。形成深刻印象的活动主要有有趣的内容、获得突破的活动、非常有意义的奖励等等。开展有效训练是形成语言吸收的最常见策略。有效训练是基于学生语言基础、语言学习机制、语言内容、活动形式等的综合设计。可以通过积累，发现对我们学生有效的训练活动，在教学设计中加以使用。

有效的语言吸收活动还需要有适度的负荷，认知负荷、心理负荷、学习焦虑等都应适

度，不能超过学生可以承载的有效负荷，而且应根据需要适当调整负荷强度。对于较难的语言内容，我们可以调整负荷，或者分解教学内容、教学目标等。

三、中学英语教学传递策略的产出设计

如果说，语言接触是指学习者听到或阅读到的并能作为其学习目标的语言信息，语言产出（produce）就是指学习者产生语言成果的过程，包括语言知识的输出和语言技能的产出，也包括文化意识、思维品质等相关要素的产出。促进学生运用所学语言形成语言成果的常见策略有可完成、目标聚焦、善用策略等。语言运用的成果是学生完成运用所学语言的成果，这说明这一任务是可完成的，若任务无法完成，就无法产出语言运用成果。所以，可完成是促进学生产出语言成果的关键性基础。

（一）说的语言产出活动设计

说的能力是人类言语交际活动的基本形式。说话者借助已有的语言知识和规则创造性地运用语言，是大脑积极思维的过程。教师应借助一系列的教学活动实现语言规则的内在化，避免从母语到英语的心译过程，直接流利地表达思想和情感。因此，在设计作为语言产出活动时，应注意以下方面：

（1）先听后说。根据理解先于表达的人类认知特点，教师在展示说的能力时，要本着先听后说的原则，一是要针对语音或规则知识点，教师在展示过程中要求学习者听清听准，然后再口头模仿。二是要重视语言理解，教师在展示过程中促使学习者接触大量语言信息，并逐步实现语言规则的内在化，积极吸收和扩充语言知识，培养语感。

（2）口语活动的多样化。在英语教学中，学习者从学会发音、模仿，到在交际场景中运用语言连贯地表达思想是一个漫长的过程，口语活动应多样化，如：模仿、简单的问题回答、解决问题、自由表达等。

（3）学习者的语言水平。口语活动的展示应考虑到学习者的语言水平，如语言能力和语用能力。语言能力是口语表达的前提，正确的语音语调、一定量的词汇和语法知识都是培养学习者口语表达能力的基础。在口语交际过程中，学习者应具备一定的语用能力，即根据具体交际场景和上下文，调动已有的文化背景知识和个人体验，得体地使用语言，实现交际目的。

（4）学习者的情感状态。焦虑是影响学习者口语表达的主要干扰因素，适度焦虑可以促进学习。教师在展示说的能力时，应尽力创设交际情景，鼓励学习者大胆表达，促使学习者以自信、积极的心态参与学习活动。中学英语是英语学习起始阶段的学习，学生运用

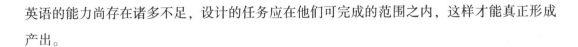

英语的能力尚存在诸多不足，设计的任务应在他们可完成的范围之内，这样才能真正形成产出。

（二）写的语言产出活动设计

作为人类日常交际中的一种表达性技能，写是将思想转变成语言文字符号的过程。在英语教学中，不同的学习阶段对写有不同的要求，起始阶段的写作活动是为高级阶段的交际性的写作奠定基础，促使学习者最终能够使用英语自由地表达思想。因此，写作既是英语教学的目的，又是英语教学的重要表达手段。在设计作为语言产出活动的写的活动时，应注意以下方面：

（1）写与听、说、读技能的结合。由于语言的交际性，任何一项语言技能的培养都不可能是孤立的，只不过是在单项训练时有所侧重而已。写的能力应与听、说、读能力呈现相结合，如听写既有助于提高学习者写的准确性，又能检验理解的正确程度；学习者对学习内容的仿写、改写、写出摘要等活动都是在阅读基础上完成的；学习者先说再仿写、改写，既减少了口语表达的错误，又降低了写的难度。

（2）学习者的语言水平。写的技能培养受到学习者语言水平的限制，如语言能力、语用能力。书面语比口语更正式、更复杂，要求表达上的精确程度较高，学习者应掌握丰富的词汇、能够准确、恰当地表达思想，而且学习者还要学会运用不同的语言形式表达特定的意义。同时，学习者还应考虑到读者所处的文化和背景，恰如其分地传递信息。

（3）写作活动的多样性。写的活动应根据学习者的语言水平采取多种多样的方式：书写、抄写、听写、段落仿写或改写、句子或段落扩写、看图写作、按照提示写作、课文缩写、文章改写、自由的即兴表达。

（4）激发学习者的写作动机。教师应尽可能地结合学习者的生活实际和思想感情，为学习者创设问题情景，挖掘交际题材，捕捉学习者的兴趣热点，促使学习者产生表达的愿望。

第三节 中学英语教学管理策略设计

一、中学英语教学时间管理策略设计

教学目标的实现。现代课堂管理（Classroom management）注重建立良好的课堂环境，保证良好的课堂活动秩序。同时，有效的课堂管理还应当能够保持课堂互动，促进交流，因为课堂活动从本质上说就是一种寻求师生之间、学习者之间对话的实践交流活动。课堂活动的最终目的是促进学习者的持久发展，因而课堂本身也具有持续发展的特点，课堂管理必须调动各种可能的因素，挖掘课堂的活力。可见，课堂的有效管理就是在最大限度上参与学习活动，使教师有效地利用教学时间，确保高效率的教学。因此，课堂管理的一个重要目标是尽量争取更多的时间用于学习。

（一）教学时间的分类

教学时间一般划分为四个层次。教师分配时间，即教师按照课程表确定的、为某一特定的学科学习确定的时间，在这里特指学习英语这门科目所设计的时间；教师教学时间，即教师完成常规管理以及管理任务（如考勤、处理课堂行为问题等）之后所剩余的用于教学的时间；学生投入时间，即学生实际上积极投入学习或专注于学习的时间，属于教学时间，也称专注于功课的时间；学业学习时间，即学生以高度的成功率完成学业功课的时间。

学习者课堂时间分配的质量，如投入时间和学业时间，与他们的成绩呈明显的正相关。分配给教学的时间并不如学习者投入学习的时间对完成学习的成功率那么关键，因为，即使教师安排学习者参与教学活动，但如果他并不配合，这样的安排显然对学习成绩没什么用。可见，所谓为学习争取更多的学习时间实质上是让学习者参与有价值的学习活动，从而提高单位时间的学习效率。

（二）教学时间管理策略

为了提高课堂时间的利用率，教师可采用下列时间管理策略：

第一，提高学习者参与课堂教学活动的积极性。提高课堂时间利用率的最有效途径就是教学活动要引发学习者的兴趣，提高学习者的参与程度，教师应提供给学习者以较多的积极参与学习活动的机会，尤其要鼓励学习者形成并参与结构完善的合作学习。

第二，保持课堂活动安排的紧凑性。在上课时尽量避免打断或放慢教学进度，保持教学的合理紧凑性，是保证学习者高度参与学习活动的关键。在一个能够保持课堂活动安排得良好紧凑性的环境下，学习者总是有事可做，并不会被轻易打断。例如，教师中断上课，花几分钟去处理一件完全可以课后处理的小事，会对学习者的参与产生极大干扰，这不仅会浪费学习者的时间，而且学习者过后要用更多的时间安定情绪，将思路转回课堂学习上来。

第三，保持课堂活动安排的流畅性。保持课堂活动安排的流畅性是指教师合理而又富有技巧性地将学习者从一项学习活动引向另一项学习活动，而不是毫无过渡地从一个主题跳至另外一个主题。教师在课堂上如果缺乏活动安排的流畅性，如重复和复习学习者早已掌握的知识，或无端地停止讲课，思考下一个问题或准备材料，都会影响学习者对学习活动的参与程度，影响单位时间的学习效率。

第四，形成课堂活动之间的合理过渡。课堂活动之间的良好过渡指学习者从一项学习活动向另一项学习活动的变化，如从单词讲解到实物演示，从小组讨论到个体发言等。过渡被视为课堂管理的“缝隙”，最容易发生课堂问题。因而，教师在引导学习者过渡时，应给学习者一个明确的信号，使学习者理解将从事的活动或内容。

第五，鼓励学习者进行自我管理。如果学习者学会很好地管理自己，也能够大大提高学习时间的利用率。例如，教师通过让学习者参与课堂规则的制定，反思制定某些规则的原因以及他们不良行为的原因，引导学习者考虑他们将如何计划、监督和调节自己的学习行为，并对照规则，反思自己的行为，以补充完善已有规则。当然，鼓励和引导学习者发展自我管理的能力可能要占用额外的时间，教师也要付出更多的精力，但是，从学习者的长远发展来看，这些努力都是值得的。

二、中学英语教学空间管理策略设计

教学总是在一定空间进行的，这种空间既有真实空间，也有虚拟空间，对于教学而言，还有学校空间、家庭空间、社会空间。中学英语目前大多是在真实的学校空间，而且主要是在教室空间进行的。充分利用和合理管理学校空间和教室空间，使之成为英语学习的空间，可以设计校园英语长廊、每个教室外面的英语专栏等，教室里的英语竞赛红旗榜、英语故事挂图、英语词汇图等都是可以促进学生学习知识、发展能力、建构品格的锚图①（anchor charts）。

同时，我们要合理管理虚拟空间，如学校英语广播、学校网站英语专栏、校外英语学习网站等。对于英语学习，应合理管理家庭空间，包括真实空间和虚拟空间。要求学生将家里的图书整理一下，设计一个家庭阅读空间。当然，在学生自主学习能力偏弱的时候，可以要求家长加入学生完成作业、提交作业的微信群等虚拟空间，学生可以随时与家长沟通，家长也可以了解学生学习情况。

在当今的英语学习环境中，最为丰富的社会空间环境，也对英语学习具有非常显著的作用。随着我国改革开放的深入，我们的社会生活中英语已经随处可见，这些都有助于学生接触、吸收、产出英语。我们可以专门设计这类活动，引导学生关注社会生活空间中的

① 知识的视觉化表达方法。其本质其实是表征知识之间关系的图表+表征情境信息、促进思维加工的图像。

英语，如让学生把超市里、村镇小商店里、家里的各种物品的包装上的英语找出来，看看自己能认出哪些，从而促进学生形成英语学习的成就感，或者强化进一步学习英语的目标。

国际交往的空间也是非常重要的社会空间。我们可以鼓励有条件的学生，参与国际空间的交流，如短期游学、随父母出国旅游、看外国英语故事与动画片、看外国儿童英语学习网站等，促进学生在英语学习的开始阶段，就形成运用英语开展国际交流的意识。

三、中学英语教学纪律管理策略设计

纪律管理是有效教学的重要保证，课堂管理是指那些能够有效鼓励学习者参与课堂学习的话语、行为和活动，而纪律是指评判学习者行为是否适当的标准。课堂纪律是维持课堂秩序的手段，是课堂活动顺利开展的保证。课堂纪律同时还具有社会功能，起到内化道德规范、促进学习者健康成长的作用。

课堂纪律管理包括正常纪律的维持和违纪处理两个方面。维持正常纪律的目的是要建立课堂上的和谐人际关系，这主要包括师生关系和学习者之间的关系。和谐的师生关系表现为教学相长，积极健康，尊师爱生。学习者之间的和谐关系表现为学习者之间互帮互助，团结合作，同时形成积极的竞争关系，既有利于提高学习者学习积极性，也有利于其潜能的充分发挥。在合作和竞争中达到一种平衡，以建立宽松的教学环境。

作为正常人，都具有自制力，能够管理、调节和控制自己的行为。如果教师过分严格地约束学生的行为，学生反而容易产生抵触心理。可见，纪律的维持既不是采取生硬的措施来控制学生，也不是放任自流，既要采取必要的策略维护和谐的课堂气氛，又要给学生一定的自由度，这样学生才会与教师密切配合，共同维持好课堂教学纪律，使师生在和谐融洽的气氛中愉快地参与教学活动。就课堂纪律而言，预防学生违反纪律比矫正学生的问题行为更重要。要想保持良好的课堂秩序，教师应采取下列纪律管理策略：

第一，从教师自身角度出发采取的策略。教师采取各种措施促进良好的纪律管理，如教师事先知道学生的姓名；提问时按照姓名而不是座次；要求学生在教师讲话前要保持课堂安静；教师更要周密地计划好课堂活动，确保学生在课堂活动中自始至终都有事可做；公平地对待每一个学生等。

第二，从学生角度出发采取的策略。在很多情况下，教师应借助集体的作用维持课堂纪律。例如，教师可以组织小组活动，让学生互相监督。同时，培养学生良好的自我管理能力，也是促进良好课堂秩序的途径，如课堂活动的设计应考虑到学生的个性差异，充分利用学生的多元智力倾向特点。此外，值日班长制度也体现了对学生自我约束从而促成纪律策略的作用。

第三，从学习任务角度出发采取的策略。学习任务的设计能够起到促成良好的纪律策略，如教师可以根据所学内容，开放设计一些游戏活动，激发学习者的学习兴趣，促进学生的参与，自然有利于课堂纪律的维持。

第四，正确处理课堂和教学之间的关系。课堂管理与教学具有不可分割的关系，如果教师只是将精力和时间全部投入教学活动上，一味地追求促使学生解决问题，而忽视了课堂管理系统，后果是极其危险的，因为教会学生有效利用、控制自己的社会行为与教学生管理和控制认知同等重要。

事实上，即使面对学生的问题行为，也不应只是进行简单的批评或惩罚处理，而是要针对学生的具体情况，进行认真细致的思想工作，选择恰当的处理时机，针对学生的具体情况，发现问题行为产生的根源，采取适当的措施，使学生真正认识到自己行为的错误所在，从而决心改正课堂上的不良行为。例如，教师采用对待正常学生一样的做法对待有情绪障碍的学习者，这显然不合适。存在情绪障碍的学生往往表现为孤僻、涣散、懒惰等，教师应掌握一定的心理学知识理论，采用心理辅导的方式，帮助学习者正确认识和评价自我，确立自信心，培养其自我调节能力，形成健康人格。

第四节　中学英语生活化教学策略设计

生活即教育是陶行知先生教育思想体系当中的精髓，指出教育要通过生活才可以发出真正的能量，成为真正的教育。生活教育理念对于中学英语教学改革而言有着重要的指导价值，对于提高英语教学质量以及学生的英语学习动力而言有着非常显著的效果，尤其是可以给学生提供丰富的语境促使学生把语言学习和生活应用结合起来，增强学生学习动机，培养学生语言沟通交际效果。“中学英语教师要认清生活化教学的优势，革新英语教学观念，数据英语教学过程生活化，有效还原生活场景，提高学生的沟通交际能力以及英语综合素质”①。

一、中学英语生活化教学策略的意义

在人类的交往活动当中，语言是不可或缺的沟通工具。语言能够让人们更好地传达思想以及表达观点，所以语言学习一直以来都备受重视。在世界一体化和经济全球化背景

① 盛婕. 中学英语生活化教学策略探究［J］. 校园英语，2020（42）：157.

下，英语作为国际通用语言的学习价值日益凸显。这也推动了英语教育事业的改革与发展，以便培养出更多合格的英语交际人才，实现对英语语言的综合运用。中学生是祖国的希望和未来，更是国家的后备人才，培养中学生英语应用能力非常必要。生活化教学是一种先进的英语教学策略，强调立足生活进行课程教学和辅导，让学生认清课程学习的应用价值，促使学生学以致用。英语是一门以实践应用和语言交际为核心的课程，在广阔的生活空间当中进行，英语语言的运用更是必不可少，所以生活化教学符合英语语言的学习要求，也能够降低学生的语言掌握难度，为学生构建英语学习体系提供创新思路。另外，生活化教学在中学英语当中的应用，可以给学生提供良好的语言学习环境，让学生对英语学习产生浓厚兴趣，了解英语语言在特定场合中的应用方法，为学生的语言交际和创新学习提供有力支持。总而言之，在中学英语教学中合理引入生活化教学策略是提高教学质量和学生学习效果的有力方法，将会在极大程度上推动英语教学改革，为新时期的英语教育事业蓬勃发展奠定基础。

二、中学英语生活化教学策略的原则

英语是中学教育当中的基础学科，是提高中学生综合素质必不可少的条件。为了确保英语的教学质量，越来越多的教师开始积极探究多样化的教学策略，也让大量优秀的教育理念和方法引入英语教学，为当前的英语教育带来了改革发展的新契机。生活化教学策略凭借其独特的应用优势和深受学生欢迎的特征，在中学英语教学当中广泛运用，也给英语教学的蓬勃发展注入了活力。为确保生活化英语教学效果，教师需要在教育实践当中坚持以下原则：

第一，趣味性原则。为确保生活化教学策略和中学英语课程的深度融合，提高整体的应用效果，首先需要从激发学生的英语学习兴趣着手，认识到兴趣是学生持久学习的动力保障，也是学生深入生活进行英语语言学习和运用的必要支持。教师在对生活化英语教学进行设计时，要先分析学生的兴趣爱好和学习需求，考量引入的教学素材和设计的教学活动是否和学生的学习兴趣相符，从而推动生活化教学的顺利实施。

第二，认知性原则。该原则是生活化教学实施中必须要关注的原则，因为生活化教学是以学生为中心的教学，在为学生呈现多样英语知识的同时，要确保知识的呈现方式契合学生的认知水平，能够得到学生的理解和认可，激发学生的学习积极性，否则会因为违背学生的学习规律而影响教学的有效性。

第三，互动性原则。英语语言具备明显的实践应用性特征，所以英语教学会把侧重点放在学生的交际能力上，联系生活为学生设计交际场景也是为了训练学生的沟通交流能力。为了确保语言的沟通与应用效果，教师在生活化教学当中要坚持互动性原则，重视生生和师生之间的有效互动，以此让学生建立良好的语用意识。

三、中学英语生活化教学策略的运用

第一，营造生活化教学情境。在生活化教学策略的实施环节，针对教学需要同时联系学生的实际生活，营造生动直观的生活化教学情境是一项至关重要的教学措施，也是英语教育生活化的第一步。英语学通过创设生活化情境，可以把学生迅速代入到熟悉而又有趣的生活场景当中，增强学生的英语学习体验，提高学生参与课堂活动的积极性，同时增进学生对英语语言的理解水平。

第二，开展生活化互动讨论。生活化教学的开展能够有效降低学生的英语学习难度，促进英语教学创新，让学生认识到英语学习和现实生活密切相关，提高学生的学习兴趣，锻炼和增强学生的语言应用能力。为了促进生活化教学的顺利开展，教师需要推动教学内容生活化，引导学生投入到生活化的互动讨论中，鼓励学生联系生活进行积极思考和踊跃探究，促使学生真实流露，充分体现生活化案例和素材的利用价值。教师要鼓励学生畅所欲言，积极表达自己观看电影的收获并在互动分享中感受到语言应用的趣味性，从而降低学生语言学习难度。

第三，设计生活化英语作业。作业是教学反馈，获取的途径也是帮助学生巩固和增强英语知识掌握效果的重要措施。作业设计是英语教师的必备技能，不过教师设计的作业必须要贴近英语语言的学习，实际指向英语的应用，这样才能够让学生把握语言学习规律，提高语言学习积极性。在生活化教学策略的实施过程中，教师可以把生活化教学方法融入作业设计和安排环节，为学生布置贴近生活的英语作业，激发学生认真完成作业的积极性，促进学生核心素养的构建。

第四，组织生活化课外活动。在中学英语教学当中，教师不只是利用英语课堂对学生进行教学指导，还需要密切联系实际生活，拓展学生的英语学习空间，让学生在一系列的英语课外活动当中实现对英语语言的巩固提高和灵活应用，引导学生养成良好的英语学习习惯。

参考文献

［1］盛婕. 中学英语生活化教学策略探究［J］. 校园英语，2020（42）：157.

［2］胡海燕. 中学英语高效课堂教学模式的探索与实践研究［J］. 校园英语，2020（27）：129.

［3］鲁子问. 中学英语教学设计［M］. 上海：华东师范大学出版社，2019.

［4］王丽秀. 浅谈中学英语教学观念的转变［J］. 学周刊 A 版，2014（7）：54.

［5］刘东. 英语教师应树立现代教学的新观念［J］. 教育实践与研究，2011（4）：37.

［6］司伟. 基于英语教师教学观念转变的探究［J］. 考试周刊，2014（25）：98.

［7］石米香. 浅谈中学英语教师教学理念的转变［J］. 信息教研周刊，2011（10）：18.

［8］吕兴旺. 试论中学英语教师的三种教学观念［J］. 中学生英语（高三版），2014（6）：8.

［9］李文娟. 初中英语教学环节设计的有效性［J］. 考试周刊，2012（19）：86.

［10］汤铃. 中学实用英语项目教学环节的设计与实施［J］. 考试周刊，2012（85）：101.

［11］严宽. 浅谈中学英语教学应遵循的原则［J］. 都市家教（上半月），2014（9）：121.

［12］张相华. 个体差异原则下的中学英语教学［J］. 散文百家（下），2014（9）：231.

［13］罗娟. 聚焦逻辑性思维的英语说明文阅读教学——以“Puzzles in Geography”教学为例［J］. 教学月刊·中学版（教学参考），2020（7）：8.

［14］刘祥. 简析批判性思维能力在中学英语阅读教学中的培养［J］. 才智，2020（3）：117.

［15］卢荣，尹荣. 中学英语阅读教学批判性思维能力培养策略探究［J］. 湖北师范大学学报（哲学社会科学版），2018，38（6）：145.

［16］李建梅. 初中英语阅读教学中培养学生创新性思维能力的路径探究［J］. 科普童话·新课堂（下），2022（8）：92.

［17］刘友玲. 初中英语阅读教学中培养学生的创新性思维能力［J］. 中外交流，2021，28（5）：706.

［18］曹倩. 中学英语单词教学浅析［J］. 考试周刊，2012（80）：86.

［19］田式国. 中学英语单词教学的三个方面［J］. 山东教育学院学报，2002，17（3）：32.

[20] 张光明. 片段教学在中学英语教学中的设计策略与实践途径［J］. 当代教育理论与实践，2021，13（1）：42.

[21] 艾洪玲. 中学英语教学中课初导入活动设计实践研究［J］. 中外交流，2018（46）：301.

[22] 王健文. 信息技术环境下中学英语教学设计的研究与实践［J］. 时代教育，2018（14）：102.

[23] 吴国军. 高中英语阅读教学中问题链设计的实践与研究［J］. 英语教师，2021，21（6）：83.

[24] 马小红. 中学英语反思性教学设计研究［J］. 当代教育实践与教学研究（电子刊），2017（12）：703.

[25] 胡卫锋. 初中英语教学中课初导入活动设计实践研究［J］. 英语教师，2018，18（4）：113.

[26] 李秀平. 教学设计与实践研究初中英语课堂［J］. 师道·教研，2020（2）：94.

[27] 李新兰. 初中英语 AB 班教学的实践研究［J］. 中外交流，2019，26（24）：243.

[28] 许琴. 提升初中英语教学设计有效性的课堂实践研究［J］. 中学课程辅导（教学研究），2014，8（22）：45.

[29] 应斌，雷云. 微课在高中英语教学中的适应性研究：实践与反思［J］. 疯狂英语（教学版），2017（3）：11.

[30] 刘迎春. 优化初中英语写作教学实践研究［J］. 中学教学参考，2018（19）：35.

[31] 刘娜. 初中英语生活化教学的实践探索［J］. 文渊（中学版），2020（7）：319.

[32] 邢樱. 基于英语学科核心素养的高中英语阅读课教学活动设计研究［J］. 文苑，2021（17）：117.